ハワイロー〔...〕ルメ完全ガイド

SEAN'S HAWAI'I
ULTIMATE DINING GUIDE
366

Compiled by

朝日新聞出版

Aloha!

　食べることは自分の歴史を刻むことでもあり、人生でもある。大げさなようだけれど、何を食べるかは、その人そのものを表すことだと僕は思っている。元気なとき、疲れているとき、うれしいとき、悲しいとき、いつだって自分の血となり、肉となる食べ物は、なんだっていいとは思えないし、自分自身の今の瞬間の感情を表すものでもあると思っているから。

　僕は日系4世としてハワイに生まれ育った。そのことを今はとても感謝している。ある人がハワイのことをメルティングポット（人種のるつぼ）だと言っていたけれど、まさにその通り。ハワイの料理はたくさんの移民とその文化がまざり合い、今も進化し続けている。文化も人間もひとつところに入ってまざり合うと、もっと楽しく、おいしくなるということを、ここハワイで身を以て経験してきた。食べることは人間関係にもつながっている。一緒にごはんを食べるともっと仲良くなるし、関係が深まる。もちろん1人で食べたいときだってある。そんなときはそれにふさわしい場所や味わいを求めて食を選ぶ。そうやって毎日、僕らは自分のこと、家族や友人を思い、食べ物を選んでいる。おいしいものを食べたら、愛する人にも食べさせたいと思うでしょう!? 食には、そういう温かな原動力とエッセンスが含まれているんだよね。ちなみに、本のタイトルにある"366"は1年が365日じゃ足りないくらい外食している僕の気持ちを表したもの。僕は食べることを愛しているし、毎日真剣に選んでいる。だから、いろいろな気持ちとともに、さまざまな人たちと囲んできた食卓は、愛すべき記憶であり、記録なのだ。

　ハワイの食を支え続けている生産者のみなさん、おいしい料理を生み出すシェフたち、それをサポートするスタッフのみなさん、ともに食卓を囲んでくれる家族や友人たちにあらためて感謝！ 毎日、おいしい〜！って笑顔でいられるのは、みんなのおかげです。この本を手にしてくれたみなさん、ありがとうございます。この本がみなさんの旅のお役に立てたらうれしいです。ハワイに行きたいけれど、行けないときにもハワイを思い出して読んでいただけたらもっとうれしい！ みなさんのハワイ旅、ハワイ妄想時間が口福に満ちあふれた時間でありますように。そうそう、本当はね、この本のタイトルを"おいしいでショーン（Sean）"にしたかったんだよね。ではでは、Aloha!

2023 Early Summer

E Komo Mai!

◎レストランは、オアフ島の各エリアごとにまとめています。

◎お店のデータ、金額、メニューは**2023年4月30日現在**のものです。変更されている場合もあります。確認してからお出かけください。**A**は住所、**P**は電話番号、**B**は営業時間、**C**は定休日、**M**はP154〜159のマップ位置を表します。

◎表示している金額には税金、サービス料、チップは含まれていません。チップは合計金額の15〜20%がおおよその目安です。

◎日本から現地ハワイに電話をかける場合は、国際電話識別番号010とアメリカの国番号1を押してから記載の電話番号にかけてください。ハワイで、ホテルなどの滞在先からかける場合は、記載の電話番号でかけてください。

◎定休日以外に、独立記念日、感謝祭、クリスマスなどの祝祭日が休みになる場合があります。確認してからお出かけください。

◎マップは各エリアごとに掲載順の番号がふられています。また、エリアごとに色別になっています。

◎本文中のホテル名、各名称は、簡略化しています。

◎本文中の(MP)は、マーケットプライス＝時価を表します。

Sean から一言

◎ハワイ滞在中に何を食べるかのアイデアとして、次のハワイ旅行の準備のため、いつかのハワイへの妄想など、さまざまなシーンで活用していただける一冊になっています。特に、僕と同じように、愛する家族や友人たちにおいしいものを食べさせたいと思っている方にはもってこい。

◎ハワイで生まれ育った僕が愛してやまないお店をピックアップしています。ラグジュアリーなところもあれば、日々のごはん、テイクアウトなどもあります。また、幼い頃から通っているお店も。そんなことも含め、お店への愛をもってエピソードやオススメのメニューをまとめています。

◎なるべくギリギリまでニューオープンのお店をご紹介したいと思い、巻末に簡単なデータのみになりますが、まとめてみました。また、まだまだ世界中が落ち着かないこともあり、メニューや営業時間等の変更、入れ替わりが激しいことをご了承いただければと思います。Aloha!

◎文中に出てくるハワイ語と目新しい言葉を少し説明しておきます。

＊Lilikoi(リリコイ)＝パッションフルーツ。

＊Pupu(ププ)＝前菜、おつまみ。

＊Poke(ポケ)＝マグロなどの魚をごま油と塩、海藻などと混ぜ合わせた惣菜。醤油やマヨネーズなどを加えたものもあり。

＊Ahi(アヒ)＝マグロ。

＊Mahi Mahi(マヒマヒ)＝シイラ。

＊ハワイリージョナルキュイジーヌ＝ローカル(ハワイ)の食材を使い、地産地消をモットーにシェフ自身のベースとなるジャンルの料理とハワイ料理を組み合わせたジャンルの料理を表す。

Waikiki ワイキキ

ローカルだってリゾートしたいのだ

マイタイ バー ［バー］
Mai Tai Bar

ローカルだって、たまにはリゾート気分に浸りたくなる。ワイキキのど真ん中の「ロイヤル・ハワイアン・ホテル」は、いつだってそんな僕の気持ちを受け止めてくれるスペシャルなところ。特にビーチが目の前のホテル内のバーは、朝から晩までそんな気分を満喫できる。カウンター席も好きだけど、ゆったりしたいときはカバナ（利用規約あり）を予約してラグジュアリーに。ラスベガスの友人たちがだいたいこのホテルにステイするので、僕はこのバーに呼び出されることも多い。そんなときにオーダーするのは、オゴ（海藻）やイナモナというハワイの伝統的な調味料とワンタンチップスを混ぜ込んだ上品な味わいのアヒポキ（$22）や、揚げたカリフラワーをBBQソースとアイオリソースにディップして食べるBBQカリフラワー（$15）など。トリュフ・フレンチフライ（$15）は、パルメザンチーズとトリュフ、ブラックペッパー・ガーリック・アイオリの組み合わせのお気に入りのつまみ。それらに合わせて、マウイ島のオールド・ラハイナ蒸留所のラムを使ったマイタイをオーダー。ワイキキビーチに沈む夕日を見ながら、今日の自分にお疲れ様＆乾杯！

Ⓐ2259 Kalākaua Ave.
Ⓟ(808)923-7311（代）Ⓑ11:00 -
23:00Ⓒ無休ⓂP157 01

サーフ ラナイ ［カジュアルレストラン］
Surf Lanai

「ロイヤル・ハワイアン・ホテル」の中にあるこのビーチサイドレストランは、僕にとって一歩中に入っただけでリラックスできる場所。奥さんとのんびり朝ごはんを食べるのがお決まりの日曜日は、たいていここへ来る。クリーミーでボリュームたっぷりのクラシック・エッグ・ベネディクト（$33）やショートリブ・ベネディクト（$38）は食いしん坊な僕のお気に入り。スイーツ系は人気のロイヤル・ハワイアン・ピンクパレス・パンケーキ（$27）を。目の前のワイキキビーチを眺めつつ、ホリデーに来た人たちに混じって現実逃避する幸せなひととき。いつだってここには特別な時間と空気が流れているんだよね。

🅐2259 Kalākaua Ave.
🅟(808)921-4600🅑6:30 - 10:30
🅒無休🅜P157 02

コナ コーヒー パーベイヤーズ ［カフェ、ベーカリー］
Kona Coffee Purveyors

朝のミーティングのときは、サンフランシスコに行くと必ずお土産に買ってきていたベーカリーショップ「ビー・パティスリー」のレシピで作っているバターたっぷりのクラシック・クイニーアマン（$6.50）を食べる。コーヒーが苦手な僕だけれど、ここのエスプレッソとミルクを同量で合わせたコルタード（$5.75）とラテは特別！ クイニーアマンともよく合う。ハワイ限定の黒ごまのクイニーアマン（$7）や、チャイニーズ・ニューイヤーのとき限定で出るルナ・ニューイヤーもオススメ。バナナとチョコレートの組み合わせを愛している僕は、クロワッサンの生地にバナナとチョコが入ったチョコバナナクロワッサン（$6）や、ブリオッシュをシロップに浸してアーモンドペーストをつけて焼いたボストック（$5.50）などもさらに追加。ここに来ると、あれもこれも食べたくなっちゃうんだよね〜。

🅐2330 Kalākaua Ave. #160🅟(808)450-2364
🅑7:00 - 16:00🅒無休🅜P157 03

M.A.C. 24/7

バターモチのようなコクとモチモチの食感がクセになるモチ粉パンケーキ（$16）は、シロップなしでもイケるおいしさ！　僕はだいたいプレーンをオーダー。時々、フルーツ（1種につき$5）をのせたりも。かつては24時間営業だったけれど、今は少し短くなってしまって悲しい。でも、パシフィック・リム・スタイルのブレイズド・ビーフ（$21）やロコモコ（$21）などのしっかりしたフードも健在。早く元の営業時間に戻って、さらにモチ粉パンケーキが食べ放題になる日を待っている！

Ⓐ2500Kūhiō Ave. Ⓟ(808) 921-5564 Ⓑ6:00 - 22:00 Ⓒ無休
ⓂP157 04

ディーン＆デルーカ ［デリ、カフェレストラン］

Dean & Deluca

ホテル「リッツカールトン」内にあるこちらのディーン＆デルーカは、1階はデリやグッズが購入できるショップ、2階がカフェレストラン。かつては「すし匠（P16）」のばらちらしが食べられたりしたが、今は、ヨーロピアン・コンチネンタル・キュイジーヌにローカルテイストをプラスしたカフェレストランになった。僕のお気に入りは、マグロのタルタルにカルーガキャビアを加えたちょっぴりポケっぽいメニュー（$28）と、分厚いショートリブにポーチドエッグがのったクノア・和牛ロコモコ（$28）。しっとりやわらか〜な和牛の下の緑色のご飯は、ほうれん草入り竹の香りのバンブーライス。トリュフの香りを加えたポーチドエッグはハワイで人気の「ピーターファーム」の卵を使用するなど、細部にまでこだわったスタイリッシュなひと皿。シルクタッチな舌触りの冷製アスパラガススープ（$9）や、半熟卵をくずしながら食べるトリュフの香りを纏ったヴィシソワーズ（$20）も好きなもの。驚きだったのは、リリコイアイスティーに抹茶ラテを組み合わせたドリンク（$8）。見た目も美しいけれど、このコンビがすごくよく合う！　抹茶好きなローカルにもウケそう。というここは、ちょっとゆったり気分のブランチがオススメだよ。

Ⓐ383 Kalaimoku St. 1FⓅ(808) 729-9720
Ⓑ7:00 - 17:00 (Brunch 10:00 - 14:00〈Sat & Sun〉) Ⓒ無休ⓂP157 05

カストロズ キューバン フード ［ラテン料理］

Castro's Cuban Food

アメリカ人向けの和食屋さんで働いていたコロンビア人のシェフ、ルイス・カストロさんがオープンしたラテン系のレストラン。研究熱心な彼の素材の組み合わせや味の合わせ方に毎回驚かされている僕が、何度もオーダーしてしまうのは、牛乳、練乳、エバミルクの3つを合わせたミルクをふんわり軽いスポンジにかけた、トレス・レチェス・フレンチトースト（MP）。ライチ、スターフルーツ、ドラゴンフルーツなど、たっぷりのせた季節のフルーツによって値段が決まるため、価格は時価。ランチどきには、お気に入りのポチギソーセージ入りチョリパン（$16）と、エイジングされたチェダーチーズとハムやローストポークを重ね、チャバターブレッドでサンドした贅沢なサンドイッチ、クバーノ（$15）などを！　ここに来るとついのんびりしちゃうんだよね〜。

Ⓐ2113 Kalākaua Ave. #201
Ⓟ(808) 630-0480Ⓑ7:00 - 14:00
Ⓒ無休ⓂP156 06

Heavenly Island Lifestyle

ヘブンリー アイランド ライフスタイル ［ハワイ リージョナル キュイジーヌ］

海南チキンライスのおいしいお店はどこかなー!?と考え、一番に思いついたのが、いつでも食べられて、安定したおいしさをキープしているここだった。後味はあっさりしているのにしっかりコクのあるチキンがこんなにたくさん添えられて$22！ オーガニック枝豆のフムス（$9）やひき肉をローカルレタスで巻いた、ローカル・レタス・ラップ・ミンチポーク（$15.50）などのつまみもいいよ。

ハワイで海南チキンライスを食べるなら

Ⓐ342 Seaside Ave.Ⓟ(808) 923-1100
Ⓑ7:00 - 14:00,16:00 - 22:00Ⓒ無休
ⓂP157 07

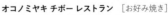

ハワイのコーヒーブラザーズが生んだコーヒーショップ！

Kai Coffee Hawaii

カイ コーヒー ハワイ ［カフェ］

僕はコーヒーを飲まないけれど、ここのラテ（$6.25/S）は特別。ほんのり甘くてマカダミアナッツの香りもいい、まろやかな味わいなのだ。ミーティングの合間にパクッとランチを食べるときは、カイ・クラブサンドイッチ（$12）やベジ・ブレックファストラップ（$13）を。ホテル「ハイアット・リージェンシー」の1階に入っているこの1号店は中庭の、のんびりしたシチュエーションもいい。ちなみにこの「カイ・コーヒー・ハワイ」の創業者の方のお兄さんは「ホノルル・コーヒー・カンパニー」の創業者であり、「コナ・コーヒー・パーベイヤーズ（P5）」をハワイにオープンさせた方。そんなハワイのコーヒーブラザーズによるお店というのも僕がここを気に入っている理由です。

Ⓐ2424 Kalākaua Ave. #130Ⓟ(808) 923-
1700Ⓑ6:00 - 21:00Ⓒ無休ⓂP157 08

Okonomiyaki
Chibo Restaurant

オコノミヤキ チボー レストラン ［お好み焼き］

僕は広島にルーツがある日系4世。だからか、お盆の頃になるとお祭り的なことを思い出し、無性にお好み焼きが食べたくなる。ハワイにお好み焼き屋さんができたのは、僕が大学生になったくらいだろうか!? ハワイの食も年々変化し、日本食も本当においしくなったなぁ、なんてことを考えながら豪勢にベーコンキムチお好み焼き（$18/ランチ）とプライムフィレステーキ（$55）も食べちゃった。時間があるときやディナーには、ロブスター刺身（$70/パウンド）も欠かせない！

Ⓐ280 Beach Walk L106Ⓟ(808) 922-9722Ⓑ11:30 - 14:00,17:00 -
20:00（Mon & Tue）、17:00 - 20:00（Sun & Wed）、11:30 - 14:00,
17:00 - 20:30（Thu-Sat）Ⓒ無休ⓂP156 09

Heyday

「ホワイトサンズホテル」のプールサイドにオープンしたここは、その昔ハワイにあった「キャンリス」というティキっぽい雰囲気のレストランを思い出すつくり。初めて訪れたときは、タイムマシーンに乗ったのかと思ったくらい。内装をプロデュースしたのは、ホテル「サーフジャック」と同じ方だそう。料理は、ダウンタウンの人気店「フェテ(P129)」のオーナーシェフ、ロビン・マイイさんが監修しているというお墨付き。ミンチしたマッシュルームやバナナジャムも入っているリッチなフォアグラ入りの餃子($21)や、フォカッチャにパルメザン、モッツァレラ、フォンティーナなどのチーズをのせて焼いたグイチージートースト($13)などをつまみに、古き良きハワイに想いを馳せながらカクテルを飲むのが最近の僕の憩いの時間。いい気になって飲みすぎて、バーのブランコシートから落ちないようにしないと！

Ⓐ431 Nohonani St.Ⓟ(808) 475-6864
Ⓑ15:00 - 22:00Ⓒ無休ⓂP157 10

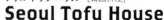

ホテルのプールサイドで過ごす
古き良きハワイアンタイム

Seoul Tofu House

何も考えずに出かけると、うっかり2日連続韓国料理ってことになったりもするくらい、僕は韓国料理が好き。韓国人シェフのミン・キムさんがお母さんから教わったという海水を使って作る伝統的なスンドゥブは、素材の味がしみ出た深い味わい。牛肉やシーフードが贅沢に入ったコンボ・スンドゥブや、たらこが入ったコッドロウ・スンドゥブ(各$16.99)は、何度もリピートしているお気に入りメニュー。

Ⓐ2299 Kūhiō Ave. Space CⓅ(808) 376-0018
Ⓑ11:00 - 21:30Ⓒ無休ⓂP157 11

マルカメ ウドン ワイキキ ［うどん］
Marukame Udon Waikiki

日本では"マルガメ"、ハワイでは"マルカメ"。なんで!? どちらか
といえば、うどんよりラーメン派な僕だけど、かけうどん1杯$5.50
につられ、安いランチを食べようとついつい長蛇の列に並んでし
まう。疲れた胃袋にやさしいだしがきいたここのスープも好き。け
れども、ついチキン天ぷら($2.50)を追加したり、ちょっと豪華に
温泉卵と甘じょっぱい牛肉がのった肉玉($10.25)にしちゃったり
して、いつも絶対10ドル超えちゃうんだよね。ダウンタウン店は
ワイキキよりもすいてるので、そちらもどうぞ。

🅐2310 Kūhiō Ave. #124 🅟(808) 931-6000 🅑10:00 - 22:00 🅒無休 🅜P157 12

ワイキキ ティー バイ レディ エム ［スイーツ、カフェ］
Waikiki Tea by Lady M

以前、ニューヨークの人気スイーツ店「レディM」のミルク
レープを食べたときは本当に感激した。それが今はハワイ
でも食べられるなんて! 僕がよくオーダーするのはシグ
ニチャー・ミルクレープケーキ($10)とローズティー・ラテ
($7)。何層にも薄く重ねられたしっとりした生地の間にク
リームがサンドされたこのケーキは、上品なデザートが好
きな僕の好みにぴったり。季節によって、抹茶やパッショ
ンフルーツ味もあるのでチェックしてみて。

🅐234 Beach Walk 🅟(808) 886-6000
🅑11:00 - 20:00 (Mon,Wed-Sat)、
11:00 - 18:30 (Sun) 🅒Tue
🅜P156 13

新しくなってパワーアップ!

ティーアール ファイヤー グリル ワイキキ ［アメリカ料理］
TR Fire Grill Waikiki

以前はトニーローマの関連店だったけれど、現在は独立。
酸味がきいたBBQソースに変わったベビーバックリブ
($39)や、アンガスビーフ・プライムリブ($39/10オンス)な
どは、新たなおいしさに変わっていた。今後はスペインを
旅してきたシェフが作るププも登場するとか。あ〜、楽し
みでならないよ〜!

🅐2330 Kūhiō Ave. 🅟(808) 744-3300 🅑6:00 - 10:00,11:00 - 21:00
(Sun-Thu)、6:00 - 10:00,11:00 - 22:00 (Fri & Sat) 🅒無休
🅜P157 14

Yoshitsune

ヨシツネ ［和食］

ワイキキにあるこの老舗和食屋さんに必ず行くのは秋。僕は松茸ランチコース（$58）が大好き。天ぷらや土瓶蒸し、炊き込みご飯など、これでもかと松茸が出てくる、出てくる！　長年楽しんできた焼き魚の朝ごはん定食が今はお休みになってしまって悲しいけれど、人気のちらし寿司（$33/ランチ）や刺身定食（$35/ランチ）は健在。奥さんとお義母さんと一緒にちょっと豪華にランチを楽しみたいときに。

A2586 Kalākaua Ave.**P**(808) 926-5616
B11:00 - 14:00,17:30 - 22:00**C**無休
MP157 **15**

ワイキキで松茸三昧！

ストリップステーキ, アマイケル ミーナ レストラン ［ステーキ］

STRIPSTEAK, A Michael Mina Restaurant

ここはセレブシェフ、マイケル・ミーナさんのステーキハウス。僕のお気に入りは、たっぷり2〜3人前はあるボリューム満点のトマホーク・リブアイ（$195）。熱い石の上に肉をのせ、自分で焼くホットストーン宮崎和牛（$75）は、わさびや味噌、ハワイアンソルト、柚子胡椒などをつけていただくジャパニーズスタイルで、これもよくオーダーする。つまみには、カリカリのオニオンをアヒで巻いたアヒ・クルード・ツナロール（$29）。デザートには、テーブルサイドでフランベしてくれるグリルド・パイナップル・フォスター（$39）もマストですよ。

A2330 Kalākaua Ave. #330**P**(808) 896-2545**B**17:00 - 21:00（Sun, Tue-Thu）、17:00 - 22:00 (Fri & Sat) **C**Mon**M**P157 **16**

Roy's Waikiki

ロイズ ワイキキ ［ハワイ リージョナル キュイジーヌ］

ハワイ・リージョナル・キュイジーヌといえばの、名店であり、このジャンルを始めたシェフの一人として、とても尊敬しているロイ・ヤマグチさんのお店。いつもはハワイカイにある本店（P95）に行くことが多いけれど、ハワイ・フード＆ワイン・フェスティバルに参加しているシェフたちとディナーをしたり、日本のテレビ番組の方々と会食というときは、ハワイらしいフードを食べてもらいたくて場所的にも便利なここに来る。塩とオリーブオイルで魚の甘みと旨みを引き出したカンパチ・クルード（＄29）や、味噌の甘やかな風味がふんわりした魚の身にやさしく染み渡ったロイズ・クラシック・ミソヤキ・バターフィッシュ（＄55）が僕のお気に入り。デザートには、チョコレートスフレ（＄16）を。ワイキキでサクッと手軽にこのクォリティが楽しめるのはすごい！

Ⓐ226 Lewers St.
Ⓟ(808) 923-7697
Ⓑ16:30 - 21:30
Ⓒ無休**Ⓜ**P156 `17`

Mahina & Sun's

マヒナ＆サンズ ［ハワイ リージョナル キュイジーヌ］

ホテル「サーフジャック」内にあるレストラン。かつてカイムキにあったレストラン「タウン」で腕をふるっていたローカルボーイのエリック・レオンさんがシェフになってメニューが一新。お気に入りは、薄いピザ生地にハムとスイートオニオン、フロマージュブランがのったネイキッド・ピッグ・ピザ（＄20）や、サイドディッシュがいくつか付いてくるホール・フライド・フィッシュ（MP）、甘みと酸味の融合が思いがけずおいしかったチャイニーズコンセプトなチキン・パパイア・スープ（＄6）など。カイムキのパン屋さんのパンを使ったスモークド・アヒ・トースト（＄14）は、なかでもすごく気に入ったもの。ヴィンテージでチャーミングな雰囲気はそのままに、おいしさパワーアップ。

Ⓐ412 Lewers St.**Ⓟ**(808) 924-5810**Ⓑ**8:00 - 22:00**Ⓒ**無休**Ⓜ**P157 `18`

Zigu

ジグ ［居酒屋］

和食のようで和食じゃない!?

日本人シェフによる料理なのに、いわゆる和食とは素材の合わせ方や趣向がちょっと違うのがおもしろい、僕の探究心をくすぐるお店。メニューは、その時々で素材によって変わるようだけれど、最近、気に入っているのは鉄板にのってジュージューと音を立てながら出てくる、ソテード・ビッグアイランド・ジンジャー・ポーク・ウィズ・マウイオニオン（＄24）。マウイオニオンとハワイ島のポークを使ったしょうが焼きのようなひと皿で、これがお酒にもご飯にもよく合う！ ローカルファームのじゃがいもを使用し、いぶりがっこも加えたちょっぴりスモーキーなポテトサラダ（＄9.50）や、モリンガを使った麺などハワイの農園をイメージさせるものもいろいろある。沖縄フェスティバルで人気だったラフテー（＄25）のとろけるやわらかさも感動もの。

Ⓐ413 Seaside Ave. 1F**Ⓟ**(808) 212-9252**Ⓑ**16:00 - 23:00**Ⓒ**無休**Ⓜ**P157 `19`

ハレクラニ ベーカリー　［ベーカリー、スイーツ、カフェ］
Halekulani Bakery

ホテル「ハレクラニ」の姉妹ホテル「ハレプナ」内にオープンした
ベーカリーのものは、見た目の美しさもさることながら、何を食
べてもおいしい。なかでも僕が愛してやまないのは、ソルティ
ッド・キャラメル・クロワッサン（＄6.50）。サクサクのメロンパン
のような外側生地の内側には幾重にも重ねられた濃厚なバター
生地のクロワッサン。その中にトロトロの塩キャラメルが入って
いるという手の込んだもの。ニューヨークで人気のエブリシン
グ・ベーグルをクロワッサンの生地で作ったエブリシング・クロ
ワッサン（＄5.75）の真ん中にはクリームチーズがのっていてこ
れまた濃厚。ホームパーティーに行くときにこれらを手土産に
するとすごく喜ばれる。お土産なのに、僕が一番食べちゃった
りするくらい、どれも大好き！

🅐2233 Helumoa Rd.🅟(808) 921-7272🅑6:30-11:30🅒Mon - Wed
🅜P156 **20**

ロイヤル ロブスター　［ロブスター専門店］
Royal Lobster

ダウンタウンにあった「トップド・ワイキキ」という韓国
料理店のシェフが新たにオープンしたお店。メニュー
はサラダと、ブリオッシュパンにロブスターをサンド
してアイリッシュバターをかけた超シンプルなバター
ド・ロブスター・ロール（マーケットプライスだけれど、
だいたい＄30前後）の2種という潔さ。ソースは、ペッ
パースモーキーなものか、アイオリソースが選べるけ
れど、まずはそのままを味わってほしい。使用してい
るロブスターは、甘くとろける味わいで知られたメイ
ン州のコールドウォーター・ロブスター。入口はロイヤ
ル・ハワイアン・アベニューに面したほうですよ。

🅐2250 Kalākaua Ave. Lower Level102（Royal Hawaiian Ave.
Entrance）🅟(808) 888-0332🅑11:30 - 18:00🅒無休
🅜P157 **21**

ラ ヴィ　［フランス料理］
La Vie

ワイキキの老舗ステーキハウス「ハイズ・ステーキ・ハウス（P19）」
と同系列のフレンチレストランがホテル「リッツカールトン」に
数年前、オープン。シェフは「ロイヤル・ハワイアン・ホテル」の
メインダイニングで腕をふるっていたアルウィンさん。マスタ
ード、ピクルス、ハーブ類などが入ったフランスのレムラードと
呼ばれるソースをからめたロブスターや、ローストしたホタテに
グレープフルーツとカリフラワーを合わせたひと皿など、ひと口
ごとにうーんと唸る味わいが続く。コースは4品コースで＄119
〜139。毎回内容が変わる料理は、アペタイザー、メイン、デザ
ートから好きに選べるスタイル。オープンエアでややカジュア
ルな雰囲気だけれど、料理は最高にラグジュアリーだよ。

🅐383 Kalaimoku St.🅟(808) 729-9729🅑7:00 - 11:30, 17:30 - 21:00
🅒Sun🅜P157 **22**

テンション上がりまくり〜！

イザカヤ アガル [居酒屋]
Izakaya Agaru

「ヴィンテージ・ケープ」のシェフ、クリス・カジオカ
さんが、次のステージに"上がる"ということと、料
理を食べて気分が"上がる"のWミーニングで店名を
つけた新しいレストランのコンセプトは、なんと居
酒屋。日本でもたくさんの居酒屋を体験し、さらに
ハワイでも仕事終わりには居酒屋で疲れを癒して
いたという彼が、大好きなものを詰め込んで自分自
身の居酒屋を作り上げたというわけ。しかも、寿司
職人はハワイ島 ヒロの寿司シェフを、さらにレスト
ラン「ノマド」のロサンゼルス店で働いていたシェフ
を引き抜いてのスタート。おまかせコース（＄180〜
200）は、居酒屋的料理と寿司。米はコシヒカリとな
なつぼしを合わせ、だしとトリュフを加えた自家製
醤油ブレンドに赤酢を加えたシャリを使うなど、こ
だわりがハンパない。大トロの上にウニとカラスミ
を削ってふわっとのせたにぎりと、フレッシュあん
肝に薄く切ったたくあんをのせた斬新なにぎりを食
べたときは卒倒しそうになった。どちらも口の中で
とろける、とろける。言葉にならない驚きと、おい
しいを遥かに超えた体験だった。もちろん単品での
注文も可能で、自分でのりを巻いて食べるスタイル
のバラちらし（＄75）や、トーストの上にアヒトロとキ
ャビアを贅沢にのせたアヒ・トースト・ウィズ・エッ
グ・ヨーク・ジャム・オン・ミルク・ブレッド（＄10）は、
さらにカラスミ（＄8）やウニ（＄15）を追加でのせる
こともできる。こんな、好きなだけ、おいしいもの
を、組み合わせて食べてくださいねという気持ちが
あふれ出ている料理に、彼が"自身で居酒屋を作っ
たら"という夢がギューッと詰まっているように感
じた。ポテトサラダ、季節の野菜、チキン唐揚げ、
牛タン、豚の角煮ザクロのグレーズがけなど居酒屋
らしいメニューが盛りだくさんの居酒屋セット（＄
65）は超お得！　デザートは、雲のように軽い泡の
ハウピアとクロロ（タロイモを使ったハワイの伝統
的なスイーツ）を一緒に食べるクロロ・カツ（＄12）
や、塩麹キャラメルソースとパフローストしたライ
ス、ローストピーナッツ、きなこをかけたアイスク
リームの塩麹サンデー（＄12）が特に好きだった。そ
れにしても最後のデザートにまで、まったくもって
抜かりがない。すべてにおいて上がる！

🄐355 Royal Hawaiian Ave. #200　🄟(808) 425-4568
🄑17:30 - 21:00　🄒Sun & Mon　🄜P157　**23**

クィオラ ［イタリア料理］
Quiora

スカイパーフェクTV！のハワイローカルニュースで僕の１日をフォーカス！　ディナータイムにフードライターの仲間とホテル「リッツカールトン」内のこのレストランで食事をするシーンを撮影した。フォカッチャと一緒に食べるのがいい、カウアイのエビをチリオイルと白ワイン入りのガーリックソースにつけて食べるカウアイ・プラウンズ・カラブレーゼ（$27）や、パッパルデッレ（$34）など、上品かつ素材の組み合わせが緻密に考えられた料理をモリモリ食べながら、ワイワイとね。

Ⓐ383 Kalaimoku St. Ⓟ(808) 729-9757
Ⓑ11:30 - 15:45, 17:30 - 21:15 Ⓒ無休 ⓂP157 24

記念日に毎年訪れるスペシャルなところ

ビーチハウス アット ザ モアナ ［ハワイ料理、ステーキ］
Beachhouse at the Moana

1901年創業の、ワイキキで一番歴史あるホテル「モアナ・サーフライダー」のメインダイニングは、僕らがウェディングパーティーをした思い出のレストラン。1月の中旬頃のアニバーサリーウィークには、いつも夫婦でここへディナーに出かける。かつてはステーキを楽しみに来ていたけれど、今は4品コース（$105）か、5品コース（$125）のコーススタイル。5品コースは、ビーフタタキやクラブケーキ、ブッラータチーズなどの前菜が追加できるのでお腹に余裕があるときはこちらもオススメ。今回僕が選んだ4品コースは、前菜にケーキスタイルに仕立てたポケの上にオゴ（海藻）、アボカドムースをのせたハパ・ポケ（＋$10）、スープはロブスター・ビスク、アントレはロブスター入りトマトソースにハーブをきかせた魚介のパスタ、デザートにはシトラスタルト。煮詰めたバルサミコ酢を加えたここのシーザーサラダも実は僕のお気に入り。だからいつもスープかサラダをチョイスするときに迷うんだよね。というわけで、毎年お世話になっております。

Ⓐ2365 Kalākaua Ave. Ⓟ(808) 921-4600 Ⓑ17:30 - 21:30
ⒸMon & Tue ⓂP157 25

アイランド ヴィンテージ シェイブ アイス ［かき氷］
Island Vintage Shave Ice

ハワイでも特に暑い日はシェイブアイス日和。自家製のナチュラル志向のシロップに、モチ、タピオカ、フレッシュフルーツなどのトッピングも華やかなここのシェイブアイスでちょっと休憩＆クールダウン。お気に入りはイチゴシロップのピンクアイランドとヘブンリー・リリコイを合わせたミックス（$10.95）。おじさんがこんなかわいい色合いでちょっと恥ずかしいんだけどね。

Ⓐ2201 Kalākaua Ave. Kiosk B-1Ⓟ(808) 922-5662
Ⓑ10:00 - 21:00Ⓒ無休ⓂP157 **27**

アロハ ステーキ ハウス ［ステーキ］
Aloha Steak House

カジュアルな雰囲気の店内で、手頃な値段で、しかもワイキキでと三拍子揃ったナイスなステーキハウス。とにかく驚きなのが、肉のやわらかさ！マッシュルームやほうれん草のソテーなど、オーソドックスなサイドメニューも美味。いろいろ迷うけれど、やっぱりいつもオーダーするのは、ボリューム、味ともに最高の3ポンド・メガホーク・ステーキ（$159）。4〜5人分でも十分イケる量だけど、お肉好きなら1人で欲張ってみてもいいかも。カウアイ・ガーリック・シュリンプ（$18）といったシーフードメニューもあり。

Ⓐ364 Seaside Ave.Ⓟ(808) 600-3431Ⓑ17:00 - 21:30
Ⓒ無休ⓂP157 **26**

イーティング ハウス 1849 ［ハワイ リージョナル キュイジーヌ］
Eating House 1849

プランテーション時代にレストランをオープンしたピーター・フェルナンデスさんに敬意を表し、そのレストランの名がつけられたここは、ハワイ・リージョナル・キュイジーヌといえばのシェフ、ロイ・ヤマグチさんが手がけるプランテーション・キュイジーヌ・レストラン。日本、中国、ポルトガルなど、さまざまな国からの移民たちがランチのときに持ち寄ったお弁当をシェアしたことから生まれたミックススタイルがベースになっている。ぜひ、食べてほしいのがサフランというよりトマトベースのシーフードシチュー、プランテーションスタイル・パエリアライス・シチュー（$46）。マグロ、カンパチ、サーモン、オゴ（海藻）、マウイオニオンをガーリック醤油で和えたイーティングハウス・ポケ（$27）も欠かせないひと皿ですよ。

> さまざまな国のミックススタイル

Ⓐ2330 Kalākaua Ave. #322Ⓟ(808) 924-1849Ⓑ16:00 - 21:00
（Mon-Fri）、10:30 - 14:00,16:00 - 21:00（Sat & Sun）Ⓒ無休
ⓂP157 **28**

スシ ショウ ［寿司］
Sushi Sho

ホテル「リッツカールトン」に日本でも有名なこのお店が入ったとき、それはそれは話題になった。値段がいいのはもちろん、味わいの素晴らしさも知っての通り。そんな素敵なところに、なんと仕事先の方が招待してくれた。しかも奥さんまで！　江戸前寿司の特徴である赤酢を混ぜ込んだシャリや、ハワイ近海でとれるモイ（セイヨウアゴナシ）という魚の昆布じめ、かんぴょうの代わりには青パパイアを使うなど、日本とハワイの文化を織り交ぜながらの丁寧な仕事と、滅多に味わえない食と時間を堪能した。なかでも僕がグッときたのは、モイのなれ寿司と本マグロの漬け、それにグリルしたオパ（赤マンボウ）にライムの粒をのせた手の込んだにぎり。コースは1人$350（ドリンク別）。ハワイにもすっかり定着したお店になった最近、店主の中澤さんはニューヨークに拠点を置くことになり、こちらには時々帰ってくるようになった。すぐに会えなくて寂しいけれど、また会う日を楽しみに、お金を貯めて行こうと思う。もちろんお店はちゃんと彼の腕を引き継いだ方によって続いているのでご安心を。

Ⓐ383 Kalaimoku St.Ⓟ(808) 729-9717Ⓑ17:00 - 22:30ⒸMonⓂP157 29

ワサビ ビストロ ［和食］
Wasabi Bistro

その昔はカパフル通りにお店があり、ずいぶん前にホテル「ブレーカーズ」内に引っ越しした。僕はトロピカルで隠れ家的な雰囲気のする今のロケーションが大好き。しかも、観光客もローカルもエンジョイできるハワイ感もミックスしたバランスのいい和食ときてる。寿司コンビネーション（\$32）に、カニと白身魚、アボカドをシークレットソースで和えた和さびNo.1スペシャル（\$15）を合わせるのは僕の定番。でも時々、浮気してベイクしたホタテとマッシュルームをマヨネーズベースのソースで合わせたものをご飯の上にのせたベイクド・スキャロップ・スペシャル（\$16）をオーダーすることも。昔から変わらず人気のレインボーロール（\$26）も、もちろん健在です。

Ⓐ250 Beach Walk Ⓟ(808) 922-1133 Ⓑ17:00 - 21:00 Ⓒ無休 Ⓜ P156 30

マッチャ カフェ マイコ ［スイーツ］
Matcha Cafe Maiko

クヒオ通りにある抹茶デザートの専門店。ここの濃厚な抹茶とバニラのソフトクリーム（\$5.80）は僕の癒し。パフェやシェイブアイス、抹茶ラテ（\$5.30/M）もあるので、気分に合わせていろいろ楽しんでいる。ワイキキに用事がある暑い日は、どれにしようかなと朝からワクワク。白玉や小豆がのったかわいい和風デザートをエンジョイしている。

Ⓐ2310 Kūhiō Ave. #143 Ⓟ(808) 369-8031 Ⓑ11:30 - 21:00 Ⓒ無休 Ⓜ P157 31

> メニュー名が驚きの長さだけど、
> それでも食べたいものばかり！

ティム ホー ワン ワイキキ ［中華料理、飲茶］
Tim Ho Wan Waikiki

香港の本店を訪れた際、そのコストパフォーマンスのよさに感動。ハワイにオープンしたときはヤッターと思ったよ。しかも場所はワイキキのど真ん中！ 醤油ベースのタレでやわらかいアワビをシンプルに食べる蒸しアワビ（\$27.95）と、デザートのような甘みのある生地にクリスピーなバーベキューチャーシューが入った名物のベイクド・バーベキュー・ポーク・バンズ（\$8.50）は、必ず食べてほしいメニュー。好きな飲茶は、スチームド・ポーク・ダンプリング・ウィズ・シュリンプ（\$7.95）、スチームド・ライスロール・ウィズ・シュリンプ＆チャイニーズチャイブ（\$8.95）など、名前が長すぎてオーダーするのが大変（笑）なものが多い。だけど、どれも僕的にははずせないメニューばかりだから頑張ってオーダーしている。

Ⓐ2233 Kalākaua Ave. #B303 Ⓟ(808) 888-6088 Ⓑ11:00 - 20:30
Ⓒ無休 Ⓜ P157 32

ナチュール ワイキキ ［ニューアメリカン］
natuRe Waikiki

東京の「NARISAWA」で修業したあと、ニューヨーク、パリなどでさらに腕を磨いたシェフが切り盛りするここへは、2〜3ヶ月ごとに変わるテイスティングメニュー（$120〜/植物系のプラント・ベースト・テイスティングコースは$100〜）を楽しみに訪れる。自然とコネクションしたいと思い、自身のお店を開く場所としてハワイを選んだという彼女が作る料理は、自然の恩恵を大切にしたやさしい味わい。けれどもお腹はしっかり満足！　しかも料理で使った油をキャンドルにするなど、地球にやさしいことにも尽力している。ここ最近のメニューで特に印象的だったのは、コナ産のアワビを3時間低温調理してからキアヴェでスモークしたものや、ポートヴェローマッシュルームをパイ状に仕立てたステーキのようなボリューミーなひと皿など。脇に添えられた白いものは、なんとタロイモの泡！　毎回、シェフの素材の扱いには度肝を抜かれる。ハワイの素材を大切に、料理に勤しんでいるところもローカルの僕としてはなんともうれしい限りなのです。

A413 Seaside Ave. 2F**P**(808) 212-9282**B**17:30 - 23:30（Tasting Menu last seating 20:30)**C**Wed**M**P157 **33**

ジョバンニ パストラミ ［スポーツバー］
Giovanni Pastrami

ここは、かつて僕がPRを担当していたエネルギッシュなスポーツバー。今も大好きでよく行く。当時、僕が考案したミニロコモコ、ミニパンケーキ、ミニエッグ・ベネディクトがセットになったトリプルプレイ（$24）は、今だに人気だそう。僕はパストラミがミルフィーユ状にこれでもかというほどサンドされたパストラミ・ルーベンサンド（$21）やイタリアン・ガーリックピザ（$13〜）をよくオーダーするよ。

A227 Lewers St. #118**P**(808) 818-8018**B**8:00 - 22:00
C無休**M**P156 **34**

ウルフギャングス ステーキハウス ワイキキ ［ステーキ］
Wolfgang's Steakhouse Waikiki

友人とワインを飲みながらワイワイディナー。ここはワインを持ち込みできるのがうれしいステーキハウス。僕の定番のつまみは、シズリング・カナディアン・ベーコン（$6.95）とオイスターやエビがモリモリのシーフードタワー（MP）。メインは、3〜5人用のポーターハウス（$208〜）というビッグでジューシーなステーキをオーダーするのが定番。ちょっと豪華なランチのときは、贅沢に質のいい肉を使用したクラシックバーガー（$18.95）にマッシュルーム（$2）をプラス。この組み合わせがなかなかにいいんですよ。

A2301 Kalākaua Ave.**P**(808) 922-3600**B**7:00 - 22:30(Sun - Thu)、7:00 - 23:00 (Fri & Sat) **C**無休**M**P157 **35**

ハイズ ステーキ ハウス ［ステーキ］
Hy's Steak House

クラシックな雰囲気も、テーブルサイドで調理するところも素敵なここへは、奥さんのバースデーやスペシャルなアニバーサリーのときに訪れる。奥さんはプライムリブ（$74）、僕はビーフウェリントン（$88）やガーリックステーキ（$85）がお気に入り。最後は目の前でフランベしてくれるデザート、バナナズ・フォスター（$20）でしめくくり。どんなにお腹がいっぱいでもこれはマスト！　そうそう、僕はここの無料のチーズブレッドが大好き。考えなしにむしゃむしゃ食べ続けるとステーキが入らなくなっちゃうので注意してね。

Ⓐ2440 Kūhiō Ave. Ⓟ(808) 922-5555
Ⓑ17:00 - 21:00 Ⓒ無休 ⓂP157 36

ワイキキのど真ん中に、いいワインバーあります

アイランド ヴィンテージ ワイン バー ［ワインバー］
Island Vintage Wine Bar

オープニングイベントに参加して、すぐにまたプライベートでも行ってしまったほど、ここイイ〜！となって早数年。すっかりワイキキに定着したここは、オーガニックを中心にセレクトしたワインの中から好きなものを選んで注ぐ、カードチャージシステム（オーダーも可）。合わせるつまみは、イタリアから直輸入しているブッラータチーズと季節のフルーツやプロシュートが添えられたププ（$32）や、赤ワインによく合う、煮込んだ牛肉をサンドしたブレイズド・ビーフ・サンドイッチ（$26）。サイドにロコモコ・グレービーソースをオーダーして、それをディップしながら食べるのがいい。このソースはフレンチフライをディップするにもいいんだよね〜。あ〜、ワインがすすんじゃって困る〜。

Ⓐ2301 Kalākaua Ave. Ⓟ(808) 799-9463 Ⓑ7:00 - 22:00 Ⓒ無休 ⓂP157 37

ムゲン ［ニューアメリカン］

Mugen

「ヴィンテージ・ケーヴ」のシェフだった、ジェイソン・ヤマグチさんが織りなす、新しいスタイルのアメリカ料理。メニューは9皿のテイスティングメニューコース（＄195）のみで、サーターアンダギーの上にキャビアと発酵卵、フレッシュクリームものったひと口でパクッと食べるササニアン・オセトラ・キャビアや、高級魚アオハタの刺身を、塩、醤油、アーティチョーク、アマランサス、レモングラスロウ（魚卵形のレモングラス）で味付けしたものなど、めくるめく料理が楽しめた。が、残念なことに現在、シェフがチェンジして休業中。まもなく素敵で有名なハワイ・リージョナル・キュイジーヌのシェフがここを任されるんじゃないかな〜。

🅰2452 Kalākaua Ave.🅿(808) 377-2247＊最新データはSeanのインスタグラムをチェックしてください。@incurablepicure🅜P157 38

タオルミーナ シチリアン キュイジーヌ ［イタリア料理］

Taormina Sicilian Cuisine

仕事の合間に奥さんと待ち合わせしてランチのときは、ここを訪れることが多い。奥さんは明太子パスタ（＄21）、僕はグリルチキンのブラウンバターソースがけ、チキン・アラ・グリリア（＄24）。このおいしいソースを残すだなんて絶対できないから、具のないアーリオ・オーリオ・パスタを注文して、それにからめて食べるようになった。奥さんにちょっと味見させてあげたら、1人のランチのときもこの組み合わせをオーダーしているみたい（笑）。お腹に余裕があるときは、ビーフ・カルパッチョ（＄38）や、マスカルポーネチーズとシーフードを合わせたリッチなシーフード・ブルスケッタ（＄26）も！

🅰227 Lewers St.🅿(808) 926-5050🅱11:00 - 14:00,17:00 - 21:00
🅲無休🅜P157 39

ラ メール ［フランス料理］

La Mer

ここは奥さんのご機嫌を取りたいときに頑張って予約する、ハワイきってのラグジュアリーホテル「ハレクラニ」のメインダイニング。できるだけハワイ産のものを使用し、素材ひとつひとつに手をかけ、丁寧に仕込まれるシェフの料理はエレガント、かつ上品。やりすぎない味わいは日本人の舌にもよく合う繊細なもの。日によってメニューは変わるけれど、何を食べても思わず「ん━━」と声がもれるほどおいしい。コース（＄285）には、僕

が大好きなオマールエビの甘みを堪能できるオマールポッシェも入っているからうれしい。じゃがいもでできた薄い生地にキャビアがたっぷりのったポムスフレは、シュッと口の中で溶ける感じがたまらない。ちなみにキャビアは別料金（＄400〜）。コースよりもお高い！ イクラとビールの値段で、キャビアとシャンパンが堪能できたらいいのになぁ〜と、メニューを見ながらいつも思う（笑）。とはいえ、このワイキキビーチがすぐ目の前というシチュエーションは、ローカルの僕にとってもロマンチックでとっておきの場所なんですよ。

🅰2199 Kālia Rd.🅿(808) 923-2311🅱17:30 - 20:30🅲Sun - Tue🅜P156 40

Tonkatsu Ginza Bairin

トンカツ ギンザ バイリン ［トンカツ］

日本のトンカツと変わらない味をハワイで楽しめる幸せ。僕はフィレ、奥さんはロース。それぞれ1人前をオーダーしたあと、さらにチキンカツ（$26）も追加してしまうのがローカルボーイの悲しい性。それ以外にもスペシャルメニューのポーク・テンダーロイン・カツ（$31）や黒豚ポークロースカツ（$41）など、お気に入りを挙げればキリがない。ジャパニーズ洋食をアメリカに広めたいという思いで、お店のすぐ横に洋食店もオープンしたけれど、まもなくクローズしてしまった。とろけるやわらかさの和州ほほ肉のビーフを使ったビーフシチューなど、好きだったメニューがいろいろあった。また復活してほしいなぁ。

Ⓐ255 Beach Walk Ⓟ(808) 926-8082 Ⓑ11:00 - 21:15 Ⓒ無休 ⓂP156 41

Ⓐ2301 Kalākaua Ave. Ⓟ(808) 926-5662 Ⓑ6:00 - 22:00 Ⓒ無休
ⓂP157 42

Island Vintage Coffee

アイランド ヴィンテージ コーヒー ［カフェレストラン］

僕は本当に行列が苦手。でも時々ここのポケ丼が食べたくなるから、そのときばかりはおとなしく列に並ぶ。どのメニューも好きだけれど、よく注文するのは、考え抜かれた味付けとサーモンとアヒの質もいい、醤油スパイシー・アヒポケ・ボウル（$19.95）とオリジナルアサイボウル（$14.95）。マンゴーの季節には、アサイボウルにマンゴーを追加するのが僕の定番（＋料金）。食後のお茶はハワイアン・ハニーラテ（$8.50）とフルーツがたくさん入ったトロピカルセンセーション（$6.50）を。たまには行列も悪くない。

Crackin' Kitchen Waikiki

クラッキン キッチン ワイキキ ［ハワイ系ケイジャン料理］

蒸したキングクラブ、エビ、貝類などのシーフードを手づかみでバターガーリックと3種のソースにつけて食べる豪快な料理、キングクラブ・コンボ（$138）が人気のレストラン。ミシュランスターシェフが考えたソースは、赤はハワイアンチリとケイジャンスパイス、黒はカカオとペッパー、白はマウイオニオンとレモンバター。どれもおいしいけれど、僕のイチオシは黒！

Ⓐ2330 Kalākaua Ave. #318 Ⓟ(808) 404-9221 Ⓑ12:00 - 22:00（Mon-Fri）、10:00 - 22:00（Sat & Sun） Ⓒ無休 ⓂP157 43

ハウス ウィズアウト ア キー　［カジュアルダイニング］
House Without a Key

ハワイきってのラグジュアリーホテル「ハレクラニ」の、オープンエアレストラン。ダイヤモンドヘッドとワイキキビーチをバックに毎晩行われているフラショーを観ながら、夕暮れどきからゆるりと食事が楽しめる。最近僕が気に入っているププは、カニとエビのクラブケーキをロリポップスタイルにしたキュートなもの。ところでこのレストラン名は、小説家アール・デア・ビガーズの、1925年にスタートしたホノルル警察に勤める中国系アメリカ人が主人公の推理小説"チャーリー・チャン"シリーズの処女作「The House Without a Key」からきている。バーエリアの店名は小説家の名前「EARL」から。このなんとも素敵なネーミングの成り立ちは一層、ここを好きにさせる。幼い頃の僕はそんな話をパパから聞きながら、ここでディナーを食べつつ、アラモアナパークから打ち上がる独立記念日の花火を見たりしてきた。今は奥さんとのんびりカクテル（＄22〜）を飲みながら、サンセットを楽しみつつのリラックスディナーが多いかな。

A 2199 Kālia Rd. **P** (808) 923-2311
B 7:00 - 10:30,11:30 - 20:30 **C** 無休 **M** P156　44

クイーンズブレイク　［カジュアルレストラン］
Queensbreak

2021年の秋くらいにホテル「ワイキキビーチ・マリオット」の3階プールサイド脇に気持ちのいいレストランがオープンした。昼間は、眩いワイキキビーチを目の前に、ランチ限定のジャパニーズテイストのトンカツサンド（＄17）を頬張り、ディナータイムには美しいサンセットとライトアップされた幻想的なプールのWシチュエーションを楽しみながら、1/2ポンドの和牛を贅沢に使ったチーズもベーコンもたっぷりの和牛スマッシュバーガー（＄26）を食べるのが最近のお気に入り。もうひとつ、こういうとき欠かせないのがナチョス（＄18）。ナチョス好きの僕のハートをくすぐるここのナチョスは、ずっと食べ続けていられる味わい。これもぜひ！

A 2552 Kalākaua Ave. **P** (808) 922-6611
B 11:00 - 16:00,17:00 - 22:00 **C** 無休 **M** P157　45

ありそうで、なかなかない、端から端までのフルダイヤモンドヘッド・ビュー！

デック ［ハワイ料理］

Deck.

2019年にリニューアルオープンし、何かと話題だったホテル「クィーンカピオラニ」。その3階にあるオープンテラスのレストランからのダイヤモンドヘッド・ビューがとにかく素晴らしい！ ほぼ遮るものがないからドーンとまんま美しい姿を拝むことができるのだ。その眺めを独り占めしながら、朝から晩まで楽しめるというのがここの醍醐味。よくオーダーするのは、カウアイ産の車エビにココナッツカレーソースとジャスミンライスが添えられたトロピカルなひと皿、ガーリック・プラウンズ（＄29）。それからマグロとアボカドをサワードゥブレッドにのせ、タイのチリソースとマヨネーズを合わせたスリラッチャ・アイオリソースと蒲焼きソースをかけたスモーキーでクリーミーなオープンサンド、スモークド・アヒ・タルティーヌ（＄17）も。たまにポカンと時間が空くと、しめしめ、と思って14:00〜16:00のハッピーアワーにこっそり出かけては、この眺めと料理を楽しんでいる。

Ⓐ150 Kapahulu Ave.Ⓟ(808) 556-2435Ⓑ6:30 – 22:00（Sun-Thu）、6:30 - 23:00（Fri & Sat）Ⓒ無休ⓂP157 46

アズーア レストラン ［シーフード、ステーキ］

Azure Restaurant

「ロイヤル・ハワイアン・ホテル」のメインダイニングは、子どもの頃から一歩中に入るだけで気分が上がる場所。ここのテイスティングメニュー（4品コース＄130）は、フレンチのテクニックとハワイのトロピカルな香り、それにアジアを融合させた充実のコース。前菜は山羊のチーズがのった、フェンネルとオレンジの香りもいいビーツのサラダと、ビネガーを加えたココナッツミルクにバジルオイルをたらし、さっとゆでたホタテ、オゴ（海藻）、きゅうりが加えられたスープ。これは想像できない味わいで、ドキドキしながら口にしたけれど、食べて感動！ なんともトロピカルな味わいだった。メインはステーキかフライパンでたたきにした魚。僕はもちろん、ステーキを選択。今回は、ショートリブの赤ワイン煮込みとストリップロインのステーキ。赤ワインにはナンプラーをキャラメリゼしたものが加えてあり、グッと深みが出ているのがわかる。デザートはシトラス・オリーブ・ケーキ。ふわふわスポンジに、レモンの香りのクリームをのせ、ハワイらしくリーヒンパウダーがふってある、凝ったもの。こんなに手の込んだ料理が盛りだくさんで、しかもこのシチュエーション！ 特別な日はやっぱりここに限るね。

Ⓐ2259 Kalākaua Ave.Ⓟ(808) 921-4600
Ⓑ17:30 - 20:30ⒸMon & TueⓂP157 47

ボンベイ パレス ［インド、パキスタン料理］
Bombay Palace

Discovery Bayビルディングには、意外といいお店がある（まさに発見！）。ここもそのひとつ。涙が出るほど辛い裏メニューのエビのヴィンダルー（＄23.95）やチキン・ティカマサラ（＄18.95）、スパイシーな香りのカレー料理ラム・ローガンジョシュ（＄19.95）など、辛ウマメニューがいろいろある。ちなみにここで扱っている肉はイスラム法で許されているもののみを使用しているのだそう。激辛を癒すサイドメニューとしてガーリックナン（＄4.95）をオーダーするのも忘れずに。そうそう、ベジタリアンメニューも豊富ですよ！

🄰1778 Ala Moana Blvd.🄿(808) 941-5111
🄱11:30 - 13:30,17:00 - 21:30🄲無休🄜P156 49

アペティート クラフト ピザ＆ワイン バー ［イタリア料理］
Appetito Craft Pizza & Wine Bar

ベーシックでシンプルな料理が好きな僕は、ここのピザ窯で焼いた焼き立てのナポリ風ピザが大好き。オーダーするのは、だいたいマルゲリータ（＄19）。ちなみにこれは僕的には前菜。そのあとに、メインのフライパンでローストしたジューシーで香ばしいスキレット・レモンチキン（＄30）をオーダーする。イタリア系のワインが充実しているので料理とのペアリングを楽しむのもいいんだよね〜。

🄰151 Ka'iulani Ave.🄿(808) 922-1150🄱15:00 - 21:00
🄲無休🄜P157 48

タッカー＆ベヴィ ［サンドイッチ、デリ］
Tucker & Bevvy

ここの本店はカパフル通りの角にあるけれど、僕はホテル「ハイアット・リージェンシー」の1階にある支店でのんびりランチすることが多い。どちらのお店も海に近いのでテイクアウトして海で食べるのもいいし、ピクニックに行くときにピックアップするのにも便利。ブランチにはオーガニックアサイ（＄13.49）、しっかりランチのときにはターキークラブ（＄10.99）でお腹を満たす。ちなみに店名の"Tucker"はFood、"Bevvy"はBeverageという意味。オーナーがオーストラリアに住んでいたことから、現地の俗語が店名になったんだとか。

🄰2424 Kalākaua Ave.🄿(808) 922-2088
🄱6:30 - 15:00🄲無休🄜P157 50

アイス モンスター ハワイ ［かき氷］
Ice Monster Hawaii

台湾で初めて食べたとき、フワフワな氷といい、濃厚なシロップといい、ハワイで食べるのとは違う食感と味わいに感動。台湾でも人気のこのお店がハワイにもオープンした。うれし〜！　一番好きなのは、コナコーヒー・パンナコッタにオリジナルのクッキー＆クリームがのったコーヒー・センセーション（$13.50）。パパイア・ミルク・センセーション（$14.50）とパイナップル・センセーション（$15）はハワイ限定メニュー。お値段もなかなかにセンセーショナルなのだ。

🅐2255 Kūhiō Ave.🅟(808) 762-3192🅑11:00 - 22:00
🅒無休ⓂP157 51

クル クル ホノルル ［スイーツ］
Kulu Kulu Honolulu

ホームパーティーの手土産に、よくここのストロベリー・ロールケーキ（$4.25）やソフトスフレ・チーズケーキ（$5.50）、見た目もかわいいレインボーケーキ（$5.25）を買う。そのついでに、自分のおやつ用にダイヤモンドヘッドパフ（$3.25）も。これは、シュー生地の中にカスタードが入っていてチョコレートがディップされている、いわゆるシュークリームのようなもの。店内でお茶していくときは一緒に柚子レモン茶をオーダー！

🅐2233 Kalākaua Ave.🅟(808) 931-0915🅑10:00 - 21:00
🅒無休ⓂP157 52

ディーケー ステーキハウス ［ステーキ］
d.k Steak House

マウイ島のシェフがオアフ島に引っ越してきてオープンしたローカルスタイルのステーキハウス。前菜のカプレーゼに使用するトマトはローカル産、玉ねぎはマウイオニオン。ステーキソースは、ごまダレやしいたけデミグラスといった感じで、どれもローカルウケしそうなものがこまやかに配されている。もちろん肉はハワイアンビーフ。まずは、バターたっぷりのDKステーキハウス・エスカルゴ（$12.95）をいただいてから、プライムボーン・リブアイ（$75）をペッパーコーン・ソース（$3.25）を追加して食べるのが僕のいつものスタイル。これでだいたいお腹いっぱいだけれど、よく働いてお腹がペコペコのときは、リッチな味わいのロブスター＆シュリンプ・マッシュポテト（$28）も食べちゃう！

🅐2552 Kalākaua Ave.🅟(808) 931-6280🅑17:30 - 21:00
🅒無休ⓂP157 53

人も料理も、とびきりチャーミング♡

メディテラネオ ワイキキ ［イタリア料理］
Mediterraneo Waikiki

２週間に１度は訪れるほど、大好きなイタリアン。ワイキキに引っ越ししてきてもおいしさは変わらず。窯で焼き上げるピザや裏メニューのブラックリングイネ、ロブスターとサフランクリームソース添え（MP）、ホタテが入ったサフラン風味のリゾット、リゾット・ザッフェラーノ・コン・カペサンテ（＄32）など、愛してやまないメニューを挙げるとキリがない。忘れちゃならないのがトーストの上にソテーしたポルチーニをのせたクロスティーニ・アイ・ポルチーニ（＄15）。それに裏メニューのスパゲッティ・プッタネスカ（＄25）も大好物〜。名物オーナー、ファブリッツォさんの人懐っこいもてなしも最高！

🅰349 Royal Hawaiian Ave. 🅿(808) 888-5599
🅱11:00 - 14:00,17:00 - 22:00 🅲Mon 🅼P157 54

Ruth's Chris Steak House

ルースズ クリス ステーキ ハウス ［ステーキ］

アメリカ本土からハワイに最初にやってきたステーキチェーン店。チェーン店なのに、こんなにおいしいんだぁというのが最初の印象。僕は必ずフィレミニョン（＄59）をオーダー。ここのステーキはお皿の上にバターをのせ、その上に焼き立てのステーキをのせて出てくる。それが肉にクリーミーさをプラスするわけなんだけど、この仕上げのバターがチリチリと音を立てながらテーブルに運ばれてくるときの香りがまた最高で、毎回食べる前に思わず唾を飲み込んでしまうほど。ハワイのステーキハウスの中でもっともバランスがとれたクリームド・スピナッチ（＄16）は、サイドとして欠かせないし、オーソブッコ・ラビオリ（＄22）やバーベキュー・シュリンプ（＄23）も、しっかりした味わいでいつ食べても満足、満足。

A226 Lewers St.P(808) 440-7910B16:00 - 21:00（Sun）、16:00 - 22:00（Mon-Thu）、16:00 - 22:30（Fri & Sat）C無休
MP156 55

Camado Ramen Tavern

カマド ラーメン タバーン ［ラーメン、居酒屋］

> ワイキキのど真ん中に夜中の1時まで営業の居酒屋オープン！

最近のワイキキは夜が早い。24時間営業もほぼないなかで、夜中の2時まで営業しているここは、ローカルの強い味方！ ありがとう！ 「ジグ（P11）」や「ヘブンリー（P7）」などと同じグループのこの店がオープンしたのは2022年の夏頃だったかな。ジューシーなヨダレドリ（＄13）はもやしと、食べるラー油とともに。プリプリのエビが入ったシュリンプ餃子（＄9）は、なんとエビチリソースがかかっているというおもしろさ。もちろん、味もバツグン。飲んで、食べたあとの〆は担々麺（＄19）か柚子塩ラーメン（＄15）。さらに最後のお口をスイートに終わらせたい僕は、〆の〆にミルクティーボバ（＄10）か、フレッシュストロベリー・シェイブアイス（＄9）で〆ることにしている。デリバリーの自転車がデコレーションしてある、一風変わったお店のつくりも楽しいよ。

A320 Lewers St.P(808) 909-8008B17:00 - 24:00（Sun-Thu）、17:00 - 1:00am（Fri & Sat）C無休MP157 56

オーキッズ ［ファインダイニング］
Orchids

日曜日や記念日のブランチは基本的に家族とすごすようにしている。特に記念日は奮発してブランチを食べに行く。そんなとき真っ先に奥さんがリクエストするのはホテル「ハレクラニ」のサンデーブランチ（$105）。前菜からメインまでビシーッと揃ったメニュー数は毎回驚くほどあるけれど、僕はジューシーなプライムリブ、寿司、ロブスター、オムレツステーションが目当て。カナダベーコンとオランデーズソースの味わいが絶妙なエッグベネディクトとパンケーキは、オーダーすればキッチンで作りたてのものを持ってきてくれるので、臆せず頼んでみて。もちろんこれもブッフェの金額に入っているのでご安心を。お腹いっぱい食べたあとはフルーツ＆デザートステーションのチェックも忘れずにね。

Ⓐ2199 Kālia Rd.Ⓟ(808) 923-2311Ⓑ7:00 - 10:30,11:30 - 13:30,17:30 - 20:30（Mon-Sat）、9:00 - 13:30（Sunday Brunch）,17:30 - 20:30（Sun）Ⓒ無休
ⓂP156 57

ロイヤル ハワイアン ベーカリー ［ベーカリー］
Royal Hawaiian Bakery

「ロイヤル・ハワイアン・ホテル」内のベーカリーのイートインできるスペースは、すぐ目の前が緑あふれるホテルの中庭。すぐ横のロッキングチェアに座ってのんびりコーヒーを飲んでいる人もよく見かける。ハワイは常に自然がすぐそこにあるからつい忘れがちになるけれど、こういう景色を前に朝の時間を楽しむことができるって、とっても幸せなことだなと、ここを訪れるといつも思い返す。ピンクづくしのベーカリーで僕がよく手にするのは、フワフワのグァバ・バントケーキ（$4.50）と、中にカスタードクリームが入ったロイヤル・ハワイアン・カスタード・クロワッサン（$5.50）。塩けのあるものは、ポチギソーセージが2枚横並びで入っているクロワッサン（$6）が好み。たまに、奥さんや日本の友人たちへのお土産にピンクのパンケーキミックス（$14/S）を買うこともある。

Ⓐ2259 Kalākaua Ave.Ⓟ(808) 923-7311Ⓑ6:00 - 12:00Ⓒ無休ⓂP157 58

トミー バハマ レストラン＆バー ［ニューアメリカン］
Tommy Bahama Restaurant & Bar

ハッピーアワー（14:00〜17:00）にたまたま寄ったら、お店の雰囲気も料理もすごくよくて、なんで今まで行かなかったんだろうって後悔した。オープンエアな3階は下が砂になっていて、裸足で歩いても気持ちがいいフロア。僕は日焼けが苦手だけれど、ここはカバナもあるので安心。フードで特に好きだったのは、しっとりしたマヒマヒを、春雨、マッシュルーム、ミント、バジルなどとともにタマリンドソースに合わせて食べるハーブ・クラステッド・マヒマヒ（$42）。「ラングーン・バーミーズ・キッチン（P123）」で働いていたこともあるシェフが編み出すエキゾチックな味にすっかり虜になってしまった。アメリカで人気のコナコーヒーと塩をまぶしてクラステッドしたステーキ（$54）といった定番料理も上品な味わい。仕上げは、パイナップルをくり抜いて器にしたパイナップルクレームブリュレ（$13）でトロピカルに。あ〜、完璧な午後。

Ⓐ298 Beachwalk Dr.Ⓟ(808) 923-8785Ⓑ14:00 - 21:00Ⓒ無休ⓂP156 59

アランチーノ ディ マーレ ［イタリア料理］
Arancino di Mare

ワイキキのビーチウォーク沿いにある小さなイタリア料理店（現在お休み中）の姉妹店。朝ごはんのクレープが人気だったけれど、今は夜のみの営業。ワインとともに楽しむのは、アンチョビとガーリックがきいたバーニャカウダ（$19）や、エビ、玉ねぎ、モッツァレラチーズなどの具材がのったオーナーズ・フェイバリット・ピザ（$32）など。必ずオーダーするのは、シグニチャーともいえるウニのパスタ（$39）。ウニの甘みとほんのりきかせたガーリック、それにトマトの酸味がいいアクセントになった、ここでしか味わえない特別なパスタ。早く朝ごはんも復活してほしいけれど、今は夜のみでガマン、ガマン。

Ⓐ2552 Kalākaua Ave.Ⓟ(808) 931-6273Ⓑ17:00 - 22:00Ⓒ無休ⒶP157 60

エッグスン シングス ［カフェレストラン］
Eggs 'N Things

かつてここは僕にとって、ナイトクラブで遊んだあと、深夜2〜3時に小腹を満たしに行くところだった。注文するのはパンケーキじゃなくてオムレツ。テーブルに置いてあるサルサソースをたっぷりかけて食べるオムレツは、飲んだあとの〆のラーメンのようなもの。今はすっかり朝食屋さんになってしまったけれど、あの頃を思い出して時々ポチギソーセージ・オムレツ（$15.95）を味わいに行く。おじさんになった今は、仕上げにフレッシュストロベリー・ホイップクリーム・パンケーキ（$16.95）も食べている。

Ⓐ339 Saratoga Rd.Ⓟ(808) 923-3447Ⓑ7:00 - 14:00Ⓒ無休ⒶP156 61

アロハ キッチン ［カフェレストラン］
Aloha Kitchen

ここではよく朝ごはんを食べつつのミーティングをする。マストオーダーは口の中でシュッととろけるスフレパンケーキ。季節のフルーツがのっているものか、アップルパイ・ア・ラ・モード・スフレパンケーキ（各$18）のどちらかをオーダーすることが多い。ホールケーキのようなダイナミックなサイズでドンと出てくるので、もう1品は塩味のものをオーダーして2人でシェアするのがオススメ。塩味系は、僕的ナンバーワンメニューのロブスター・ベネディクト（$20）をぜひ注文してみて。ロブスターの甘みとエアリーでレモンの香りのするオランデーズソースとのバランスが本当にすごいから。

Ⓐ432 Ena Rd.Ⓟ(808) 943-6105Ⓑ7:30 - 13:00ⒸMonⒶP156 62

スフレパンケーキでとろけるモーニングタイムを！

ブルーハワイを
ピッチャーで
どうぞ

トロピックス バー＆グリル ［カジュアルダイニング］

Tropics Bar & Grill

ホテル「ヒルトン・ハワイアン・ビレッジ」にある
カジュアルでオープンエアなここは、海を眺めな
がらのんびりブランチしに来るところ。いつも思
うのはこの空間だけエアポケットに入ったような
特別なリゾート感があること。カクテル片手にププ
をつまみながら「たまにはこういうの、いいよね
～」と、浮かれ気分になれる。ブルーハワイ（＄14／
グラス）だってピッチャーでオーダーできちゃう
んだから。すごいでしょ！ でもだいたいは、バケ
ーションの人たちを横目にポケボウル（＄30）か
ナチョス（＄19）を食べながらランチミーティング
という現実。特にポケは、スパイシーで僕好みな
んだよね。

Ⓐ2005 Kālia Rd.Ⓟ(808) 952-5960Ⓑ6:30 - 22:00
Ⓒ無休ⓂP156 63

ツル トン タン ［うどん、和食］

Tsuru Ton Tan

ハワイ・フード＆ワイン・フェスティバルにシド
ニーから参加してくれたミシュラン・スターシェ
フのテツヤ（和久田哲也さん）とお疲れ様ラ
ンチする日はとても暑かった。こんな日はツル
ツルッとうどんに限る。まずは、すりごま塩ダ
レたたききゅうりのサラダ（＄7）でさっぱりと。
それからメインのうどん！ パワーアップした
いときは、アメリカ和牛のしゃぶしゃぶカレー
うどん（＄29）や、すき焼きうどん（＄24）といっ
たボリュームたっぷりのものをよく注文してい
る。そうそう、11:00～14:00と16:30～17:30の
ハッピーアワーはお得でいいですよ。

Ⓐ2233 Kalākaua Ave. B310Ⓟ(808) 888-8559
Ⓑ11:00 - 14:00,16:30 - 21:00Ⓒ無休ⓂP157 64

ダブルツリー バイ ヒルトン ホテル アラナ ワイキキビーチ ［スイーツ］

Doubletree by Hilton Hotel Alana - Waikiki Beach

ホテル「ダブルツリー」には昔から宿泊者にのみ配られてい
た最高においしいチョコチップクッキーがあった。それが
あまりに人気だったため、いつの頃からかこうして買える
ようになった。サクッとした食感と口の中でとろけるチョコ
レートのコンビがたまらないクッキー。その昔、ここに泊ま
った友人にもらったときはあまりのおいしさに驚き、買えな
いことが本当に悲しかった。今は、近所のレストランに行
くときに、ここにクッキーをピックアップしに立ち寄るよう
になった。6個入りで＄15とちょっとお高いけれど、それだ
けの価値はある！ 最近は予約制だそうなので、24時間前
に必ず予約してから買いに行ってね。

Ⓐ1956 Ala Moana Blvd.Ⓟ(808) 941-7275ⓂP156 65

マカナ ラニ ア ダイニング エクスペリエンス　[カジュアルレストラン]
Makana Lani, A Dining Experience

ホテル「アロヒラニ」の2階にある、大きな水槽を眺めながらゆったり食事ができるレストラン。単品でもオーダーできるけれど、ブッフェスタイルが断然お得。僕はここのソーセージ類とステーキが大好物。他のところよりも少し大きめのリンクスソーセージや、ブラウンシュガーとペッパーをまぶしてローズマリーとともに焼いたキャンディベーコンは、ジューシーでいつも食べすぎちゃうほど。それにここのステーキは、シェフが「ハイズ・ステーキ・ハウス（P19）」、「モートンズ・ザ・ステーキハウス（P53）」でも腕をふるってきた方なので、肉の扱いといい、焼き加減といい、とても充実しているのだ。みんな大好きなポケは、アヒはもちろん、キムチ・タコ・ポケ、スパイシー・ツナ・ポケなど一風変わったものもあっておもしろい。どこの店でもこのメニューがあると僕がつい注文しちゃうプライムリブや、ロブスター・ビスク、レチョン（揚げポーク）などもあり！　ブレックファーストブッフェは$38、週末のブランチブッフェは$68。これは絶対お得でしょ～（ん）。

Ⓐ2490 Kalākaua Ave.2FⓅ(808) 921-6198Ⓑ9:00 - 14:00,17:00 - 20:00（Sat & Sun）、7:00 - 11:00（Mon & Tue）、7:00 - 11:00,17:00 - 20:00（Wed-Fri）Ⓒ無休ⓂP157　66

> フレンチベースの
> インド &more
> の深い味わい！

ティービーディー ハワイ　[ワールドキュイジーヌ]
TBD... Hawaii

ホテル「ロータス・ホノルル」内のこのレストランで腕をふるっているシェフは、若い頃、東南アジアやハワイをよく旅していたという。それが高じてなのか、彼の料理はフランス料理がベースのワールド・キュイジーヌ・スタイル。たまにインド色が濃く出るときも楽しく、飽きることがない。そんなシェフは2023年4月、ワイキキに「ウミ（P36）」というレストランをオープンし、ここは彼の味を引き継いだシェフが切り盛りすることになった。そんなわけで現在は、ラウンジメニュースタイルで営業中（ひと皿$25前後が中心）。僕のお気に入りは、アヒ・トスターダスやメインクラブケークなど。またコーススタイルが復活する日を楽しみにしている。

Ⓐ2885 Kalākaua Ave.2FⓅ(808) 791-5164
Ⓑ17:00 - 20:30ⒸMon & TueⓂP157　67

チャート ハウス ワイキキ ［ステーキ、シーフード］
Chart House Waikiki

友人がイリカイのコンドミニアムに住んでいたので、大学時代はよく
あの橋（ホテル「モダンホノルル」と「イリカイマリーナ」をつなぐ橋）
を渡ってここへと出かけていた。「ハイズ・ステーキ・ハウス（P19）」に
は行けないけれど、ここでならオイスター・ロッカフェラー（$28/4
個）も食べられる！と、勇んでいた若い頃。かつて働いていたキミさ
んが考案した寿司の逆さ巻き、ファイヤー・クラッカー・アンロール
（$27）を食べるたび、あの頃を思い出し、懐かしい気持になる。そ
うそう、土日のブランチにはモチ・ワッフル（$12）も登場しますよ。

🅐1765 Ala Moana Blvd.🅟(808) 941-6669
🅑15:30 - 24:00🅒無休🅜P156 68

クリーム ポット ［カフェ］
Cream Pot

うちの奥さんはここの朝ごはんが大好き。だか
ら、仕事前に時間が合うと一緒にスフレパンケ
ーキを食べに行く。いつも分厚いハムがのって
いるクラシック・ハワイアン・エッグ・ベネディ
クト（$26.50）にしようか迷ってしまうけど、や
っぱりストロベリーが添えられた、リコッタチー
ズ入りのスフレパンケーキ（$24）に決定！
口の中でシュッと溶けるエアリーな感じは何度
味わってもいい。これは絶対に独り占めして食
べたい。シェアなんて無理、無理！

🅐444 Niu St.🅟(808) 429-0945🅑8:00 - 14:00
🅒Tue & Wed🅜P156 69

カツミドリ スシ トウキョウ ［寿司］
Katsumidori Sushi Tokyo

日本食が食べたい〜！というシカゴからやっ
てきた友人と、コスパとクオリティのいいホ
テル「プリンス・ワイキキ」内にあるお寿司屋
さんへ。僕がよくオーダーするのは、中トロ、
赤身などのにぎりが10貫と巻き物が1本の大
関（$43.75）というセット。だけどこの日はち
ょっと奮発して大トロ3貫、中トロ4貫、ネギ
トロ6貫のデラックスツナにぎり（$45.75）
をオーダー。炙りえんがわやサーモンアボカ
ド、ホタテのバジルマヨなど、アメリカ人好
みのメニューも豊富。

味、コスパともにサイコー！

🅐100 Holomoana St.🅟(808) 946-7603
🅑11:30 - 14:15,17:00 - 21:15🅒無休🅜P156 70

Bali Oceanfront
バリ オーシャンフロント ［ステーキ、シーフード］

ここはホテル「ヒルトン・ハワイアン・ビレッジ」の海を一望できるメインダイニング。昔は、最初に出てくるアイリッシュ・ソーダブレッドや最後のおまけに出てくるダイヤモンド形のチョコレート・トリュフが大好きだった。15年くらい前だっただろうか!? タイタニック号のメニューをイメージしたスペシャルディナーイベントがあり、当時の格好をして（懐中時計も持って）出かけた楽しい夜もあった。最後は避難をイメージしてみんなでボールルームへ移動してスイーツのブッフェを楽しむ、そんな演出をしてくれた、今も昔もチャーミングなレストラン。もちろんステーキやシーフードも極上。ステーキハウスというと内装がイギリスっぽかったり、ブラジリーなところが多いけれど、ここはとてもハワイっぽい。そして僕がいつもオーダーするのは、この堂々とした風格のデルモニコ（＄75）。おともにはトマトとチーズのサラダ（＄22）を。

Ⓐ2005 Kālia Rd.Ⓟ(808) 941-2254Ⓑ7:00 - 11:30 (Sun & Mon) 、7:00 - 11:30,17:00 - 21:00 (Tue-Thu) 、7:00 - 11:30,17:00 - 22:00 (Fri & Sat) Ⓒ無休ⓂP156 71

Hau Tree
ハウ ツリー ［カジュアルダイニング］

ワイキキの中心からほんの少しだけ離れたこのレストランは、大きな木の下でビーチを眺めながらのんびりできるところ。僕の一番好きなエッグ・ベネディクトはその昔、ホテル「ワイキキアン（現「グランド・ワイキキアン」）」内の「タヒチアン・ラナイ」というレストランのものだった。ここのエッグ・ベネディクトはその味を思い出すものだったけれど、数年前、ホテルもシェフも変わり、今はブラック・フォレスト・ハムのようなドライスモークされたドイツ系のハムが使われたハウツリー・エッグ・ベネディクト（＄26）というものに変わった。でも、これはこれでいいお味。お酒のアテにもいい感じのクリスピーポテト（＄10）もめちゃくちゃおいしい！ だから、思い出の味は今はないけれど、やっぱりここはいつ来てもいい。あ、ちょっと上のラウンジではいつも若い子がおしゃれに飲んでいるけど、いいの、いいの、オヤジな僕は下のフロアでフルメニューをとことん楽しむのが好きなの！

Ⓐ2863 Kalākaua Ave.Ⓟ(808) 921-7066Ⓑ8:00 - 13:00, 15:30 - 22:00 (Mon-Thu) 、8:00 - 13:45,15:30 - 22:00 (Fri-Sun) Ⓒ無休ⓂP157 72

RumFire
ラムファイヤー ［バー、カジュアルレストラン］

「シェラトンワイキキ」内のここは、ワイキキビーチが目の前のナイスロケーション。オープンした頃はクラブっぽかったけれど（僕はオヤジだからね、クラブはちょっとね……笑）、今は落ち着いた雰囲気でサンセットを楽しみながらププをつまみ、リラックスした時間が過ごせるナイスなところになった。店名に"ラム"とあるので、ラムのカクテルをオーダーすることが多い。サンド＆シー（＄18）というブルーキュラソー入りのカクテルは、ブルーのマイタイといった感じ。マグロ好きの僕は、ここでもマグロとカンパチをミックスしたポケの下にアボカド、上にはスパイシーアイオリをのせたハパポケ（＄28）や、シアード・アヒ・タタキ（＄33）などを満喫。

Ⓐ2255 Kalākaua Ave.Ⓟ(808) 922-4422Ⓑ16:15 - 23:00 Ⓒ無休ⓂP157 73

シナモンズ アット ザ イリカイ ［カフェ］
Cinnamon's at the 'Ilikai

"日曜日はゆっくりする日"と、毎回自分に言い聞かせて、とにかくゆったりとした時間を過ごすため、近所にブランチに出かけるようにしている。だから月に何度かは、フワモチ食感のパンケーキに甘酸っぱいグァバソースがたっぷりかかったグァバ・シフォン・パンケーキ（＄12.75/ショートスタック）とクラブケーキのエッグ・ベネディクト（＄21）を食べにここへ来る。カイルアにしかなかったお店が数年前「イリカイホテル」内にオープンし、本当に便利になった。もちろん、カイルアのお店の雰囲気も好きだけれど、イリカイならではの海近オープンエアな感じもいいんですよ。

Ⓐ1777 Ala Moana Blvd. #150Ⓟ(808) 670-1915
Ⓑ7:00 - 21:00Ⓒ無休ⓂP156 74

ワンハンドレッド セイルズ レストラン＆バー ［カジュアルダイニング］
100 Sails Restaurant & Bar

すぐ横がマリーナツインズという映画館だった頃も、ここが週末はブッフェで平日はファインダイニングだった頃も、昔から僕は、このヨットハーバーが目の前の「プリンス・ワイキキ」のメインダイニングをよく訪れてきた。現在は、「シェフ・マブロ」で働いていた僕の大好きなシェフ、ジェレミー・シゲカネさんが料理を担当。お気に入りはアボカドわさびムースとのり風味のチップスとともに食べるキングサーモン・タルタル（＄18）やメイン州のホタテをさっと焼いたメイン・スカロップ（＄21）、アメリカン和牛ストリップロイン（＄70）など。プライムリブやカニなど盛りだくさんのディナーブッフェは1人＄85。今も昔も、眺めのよさもブッフェのクオリティの高さもピカイチ。

Ⓐ100 Holomoana St. 3FⓅ(808) 944-4494Ⓑ[BREAKFAST BUFFET] 6:30 - 10:30（Mon-Sat）、6:30 - 9:00（Sun）、[BRUNCH BUFFET] 9:00 - 13:30（Sun）、[LUNCH] 11:00 - 13:30（Mon-Sat）、[DINNER] 17:00 - 21:00（Mon-Wed）、[DINNER BUFFET] 17:00 - 21:30（Thu-Sun）Ⓒ無休ⓂP156 75

ウェストマン カフェ＋ラウンジ ［カフェレストラン］
Westman Cafe + Lounge

2022年秋にオープンしたローカルフードやカクテルが楽しめるレストラン。パンケーキやアサイボウル、和牛ロコモコなど朝ごはんやブランチにもよさそうなメニューが充実している。僕のお気に入りは、ふんわり軽いビッグアイランド・ハニー・スフレパンケーキ（＄26）や、自家製ブリオッシュに枝豆フムスとアボカドをドカッとのせた豪快なアボカドトースト（＄21）。鉄鍋で出てくるボリューミーなカルビ・フライドライス（＄24）は、腹ペコなときに。2023年の夏頃にはディナー営業も予定中だとか。今から楽しみでならない。

Ⓐ280 Beach Walk #106Ⓟ(808) 922-1500Ⓑ7:00 - 14:00（Mon-Wed）、7:00 - 14:00,17:00 - 23:00（Thu & Sun）、7:00 - 14:00,17:00 - 24:00（Fri & Sat）Ⓒ無休ⓂP156 76

ヴェランダ アット ザ ビーチハウス　［ニューアメリカン］

Veranda at the Beachhouse

金、土、日は古き良きハワイにタイムスリップ＆日々の自分にお疲れ様ってことで、ラグジュアリーなハワイを満喫しにホテル「モアナ・サーフライダー」へ。海の目の前のオープンエアな空間で楽しむ週末だけのアフタヌーンティーは、僕にとってとても特別。ひとつひとつ丁寧に作られているのがわかるパーフェクトな味わいのストロベリーやグァバのマカロン、ハウピアロールケーキ、パイナップルムース、ハニーフィナンシェなどのスイーツと、トリュフ風味のエッグサラダ・サンドイッチ、コナ産ロブスターのBLTなどのフィンガーサンドイッチなどをつまみながら、奥さんとノスタルジックな雰囲気を楽しむ。アフタヌーンティーのメニューは、トロピカルフルーツやお茶をベースにしたミモザが3杯と、ロブスターやコーンチャウダーのスープかサラダ、スイーツ、サンドイッチ、トロピカルソルベ、お土産まで付いてくるロイヤル・ティー（＄135）の他、ロゼシャンパンにサンドイッチ、スコーン、スイーツ、ヨーグルトベリー、トロピカルソルベ、扇子のお土産が付いてくるザ・ファースト・レディ（＄90）や、男性が喜びそうなハンバーガーとスイーツ、ソルベがセットになったデューク（＄71）など種類もいろいろ。いつもディナーがいらなくなるくらいお腹いっぱい！　気分も最高！な週末。これでまた1週間頑張れる！

Ⓐ 2365 Kalākaua Ave. **Ⓟ** (808) 921-4600 **Ⓑ** 6:00 - 10:30,11:30 - 14:30 (Fri-Sun)、6:00 - 10:30 (Mon-Thu) **Ⓒ** 無休 **Ⓜ** P157 `77`

レストラン サントリー　［和食、鉄板焼き、寿司］

Restaurant Suntory

もうずいぶんと長いこと「ロイヤル・ハワイアン・センター」の3階にあるここは、ホリデーを楽しむ皆さんにも、ローカル（特に日系人やローカル日本人）にも愛されている和食店。鉄板焼きもあれば一品料理もあるし、奥にはなんとお寿司屋さん（「トキワ」という店名）まであるという充実ぶり。ランチタイムともなると、どのセクションも近辺で働く人たちで大にぎわい。毎月メニューが変わる旬菜膳（＄42）は、前菜、メイン、デザートまでのしっかりしたコースがこのお値段でいただけるとあって、大人気だけれど、18食限定なのであっという間に売り切れ。予約のときに必ずお願いしておかないとありつけないのです！　最近、僕がハマっているのは、お寿司セクションのおまかせコース（ランチ＄100、ディナー＄250）。ハワイと日本の素材を上手に組み合わせた丁寧な仕事を感じるお寿司も、ぜひ試してみてほしいです。

Ⓐ 2233 Kalākaua Ave. B307 **Ⓟ** (808) 922-5511 **Ⓑ** 11:30 - 13:30, 17:30 - 21:30 **Ⓒ** 無休 **Ⓜ** P157 `78`

期待大のニューオープン!!

ウミ ［ニューアメリカン］

Umi

ホテル「ハレプナ」に2023年4月にオープンしたここへ、ひと足お先にテイスティングに行ってきました。場所は3年前、一瞬だけ「ハレクラニベーカリー＆レストラン」だったところ。「TBD...Hawaii（P31）」のシェフだったヴィクラム・ガーグさんは、ホテル「ハレクラニ」の元料理長だった方。というわけで、1周回ってまた元の職場に戻ったような感じで新たなスタートを切ることになった。店名の"Umi"はその名の通り、海＝オーシャンであり、母という意味もあり、海を尊敬するというハワイらしい意味合いも含まれている。海ということで、素材のメインはシーフード。できるだけ素材の味を活かし、アレンジはそこに添えられるソースなどでそのものの味わいを引き出す手法を用いている。沖縄県産の紫いもをだしで煮て、オレトラグラン・キャビアをのせ、アイオリ・レモン・クリーム・フレッシュを添えたもの、薄切りホタテときゅうりにキノコとカツオ節からとっただしをまわしかけてなます風に仕立てた

もの、熊本県産の牡蠣を桜のチップでスモークし、柚子胡椒とマグロの骨からとっただしを加えた醤油をひとたらしするなど、細部にまでこだわった料理が並ぶ。なかでも僕が気に入ったのは、アワビに味噌パルメザンチーズをぬって黒胡椒とパン粉をふってオーブンで焼いたもの。ほんのりきかせたシェリーの香りもよかったぁ。それと、チキンのだし、生クリーム、パルメザンチーズを合わせた泡の下に入っている半熟卵をくずしながら、上にのったウニとともに味わうひと皿も、シュッと口の中で淡く消えていく感じがたまらなかった。本当にこれからが楽しみなレストラン。テイスティングコースは、$99と$159。お腹に余裕があるなら、絶対、後者がオススメ。趣向を凝らした料理の数々に感動すること間違いなしだよ！

Ⓐ2233 Helumoa Rd.Ⓟ(808) 921-7272
Ⓑ7:00 - 11:00,17:00 - 22:00Ⓒ無休ⓂP156 79

Michel's at the Colony Surf

ビーチが一望できるハワイきってのロマンチックレストランとして知られるここがブランチを始めたとの噂を聞きつけ、ママと友人と出かけたのが数年前のこと。昔はジャケット着用がマストだったので、おしゃれして出かける感じもワクワクして好きだった、僕にとって特別なところ。ブランチは毎月第1日曜限定。コース内容は毎回変わるので、それも楽しみ。通常メニューで特に好きなのは、テーブル横でフランベしてくれるロブスタービスク・ア・ラ・ミッシェルズ（＄19）や、濃厚なバターガーリックを最後の最後までパンをつけて味わってしまうヒーリックス・エスカルゴ・ブルゴーニュ（＄24）、シーフード・チョッピーノ（＄58）、パフペイストリーの中にテンダーロインとホワイトチキン・フォアグラ・ムースが包んであるビーフウェリントン（＄68）など。眺めも料理も上質。唯一無二です。

A 2895 Kalākaua Ave. **P** (808) 923-6552
B 17:00 - 21:00 (BRUNCH/毎月第1日曜10:00 - 13:00)
C 無休 **M** P157 **80**

> ここはやっぱり、
> 何もかもがスペシャル！

Sean's
Hawai'i
Ultimate
Dining
Guide 366

アラモアナ
Ala Moana /

> ハワイでトリュフを食すなら
> ここ！一番お得です！

マルゴット ハワイ　［ファインダイニング］
Margotto Hawaii

西麻布に本店があるフレンチ、イタリア、ジャパニーズのミックススタイルレストランが2022年6月、ハワイにオープン。シェフ、加山賢太さんは元麻布時代の「日本料理 かんだ」の右腕であり、「ジョエル ロブション」でも働いていた腕の立つ方というから、オープン前からワクワクが止まらなかった。メニューは、プレビューコースで＄80。マルゴット エクスペリアンスコースは＄130で、トリュフや一品料理などをプラスするとマーケットプライスがプラスされていく。自家製パスタやロブスター、和牛といった高級食材がさらに使われるグランドテガステーションコースは＄230〜。そう、ここは特にキャビア、トリュフ好きには最高！　トリュフをフィーチャーするため、あえて全体の味付けはシンプルにしているくらい、中心はトリュフにある。ご飯にTKG（ハワイではご飯にかける生卵はこう呼ばれている）をのせ、その上に10種の醤油をブレンドした特製醤油と、たっぷりトリュフをかけた、何コレ！な卵かけご飯や、昆布じめにした甘エビにキャビアをからめたものなど、ひと皿ごとに悲鳴に近い歓声が上がる料理が続々と出てくる。「アロマフレスカ」にいた方の作るパスタもまた素晴らしい！先日は、バターソースとパルメザンのシンプルなパスタにイタリアのホワイトトリュフがこんなに豪快にのったパスタが出てきて気絶しそうになったよ。

Ⓐ514 Piikoi St. Ⓟ(808) 592-8500 Ⓑ17:00 - 22:30 (Last Reservation is at 20:00) ⒸWed ⅯⓅ156 01

Ke'eaumoku

ケエアウモク

マル スシ ［寿司］
Maru Sushi

ハワイ在住のスターシェフ、川崎武司さんがにぎる寿司がいただける人気寿司店。北海道から仕入れるこだわりのネタのねらい目は火曜日。この日に新ネタが入るので僕はそこを目指して出かける。おまかせコース（＄300）は、大トロ、ウニ、ハワイ産のアワビ（あん肝ソース添え！）も入った豪華版で、僕的にはしっとりした舌ざわりのなめらかな茶碗蒸しもコースのお楽しみ。おいしい食に加え、ここが好きなのはスタッフがみんなフレンドリーだということ。食は料理のおいしさだけじゃなく、会話もお酒もともに楽しめるムードが大切。誰よりもその雰囲気をつくってくれるスタッフは素晴らしいなと毎回思う。

A 1731 Kalākaua Ave. Space B **P** (808) 951-4445 **B** 17:00 - 22:00 (Seating from 17:00 - 19:30 & 19:30 - 22:00) **C** Sun & Mon
M P156 02

マリポサ ［ニューアメリカン］
Mariposa

数年前、料理家の栗原はるみさんとのコラボ商品の打ち上げで久しぶりにサンセットタイムからお邪魔した。オープンエアで眺めもいいここへはいつも、ゆったりする週末やランチミーティングで来ることが多いけれど、サンセットを楽しみながらのディナーもいいなぁと思ったのはそのときから。マジックアイランドやヨットハーバーはもちろん、金曜日の花火もよく見える。「トップ・オブ・ワイキキ」や「53バイ・ザ・シー」でも腕をふるっていたフンス・コサカさんが、現在はここの総料理長、というわけで味は確実！ ハワイのバターレタスやハワイ島カムエラのトマト、マウイオニオンを使ったマリポサ・チーズバーガー（＄22）やフライパンでローストしたホタテにのりペーストやだしバターをあしらったひと皿（＄35）など、目にも舌にもうれしい料理は、いつもおいしくて楽しく飽きることがない。最近は、18:30までのププ系が揃ったサンセットメニューからスタートするのが僕のお気に入りになっている。

A 1450 Ala Moana Blvd.Level 3 **P** (808) 951-3420
B 11:00 - 16:30 (Sun-Tue) 、11:00 - 18:30 (Wed&Thu) 、11:00 - 19:00 (Fri&Sat) **C** 無休 **M** P156 03

マイ ラン ［ベトナム料理］

Mai Lan

「マイ・ラン」といえば、カニカレー（MP）。そして、みんな知ってる裏メニュー"高倉 健さんの炒飯"など、愛され続けているメニューが多いお店。もう30年くらい通っているけれど、いつも"ジョウダンじゃないよ"というオーナーの口癖も、おいしさも変わらず。金華ハムや干し貝柱が入ったアリイマッシュルームのスープ（MP）も押さえておきたい裏メニュー。これは予約のときに前もって注文しておくことを忘れずに。シュリンプ・グラスヌードル・スープ（$36）はその名の通り、春雨にエビの旨みがしみ込んだ幸せな味。裏メニューありすぎ！

🅰1224 Ke'eaumoku St.🅿(808) 955-0446
🅱10:00 - 21:30🅲無休ⓂP156 04

チェンドゥ テイスト ［中華料理］

Chengdu Taste

辛いもの好きの僕がたまに行く四川料理店。ガーリックソースと山椒の冷たい和え麺（$13.99）やクミンなどのスパイスで味付けしたひと口サイズのラムを楊枝に刺したもの（$23.99）、ミンチした豚肉と干し大根の炒め物（$20.99）、ゆでた魚のグリーンペッパースープ（$22.99）など、ひと工夫ありの料理が食べられる。ビターメロンオムレツ（$18.99）を広東風のパンにサンドして食べるのが最近のお気に入り。ビターメロンとはゴーヤーのこと。日本人の友人を連れていくとみんな大好きになることこは、アラモアナセンターから近いので便利ですよ。

🅰808 Sheridan St.#209🅿(808) 589-1818
🅱11:00 - 15:00, 17:00 - 21:00🅲無休ⓂP156 05

アール フィールド ワイン カンパニー、フードランド ファームス アラ モアナ ［ワインバー、スーパー］

R. Field Wine Company,
Foodland Farms Ala Moana

友達とアラモアナ公園を散歩したので、少し運動した自分にご褒美ってことでアラモアナの「フードランド」内にあるワインバーへ。ここは、チーズとハム類の売り場に隣接するカウンタースタイルで、スーパー内にあるポケやハム、チーズもおつまみとしてオーダーできるのがいい。のどの渇きを癒そうと、まずはパイナップルビールからスタート。それからワインを飲みつつ、チーズといちじくのジャムやドライフルーツ、ナッツ類がひと皿に盛り合わされたアーティザン・チーズボード（$14.99）を。ってところで、ハッとする僕。運動した意味ないじゃーん。でも、ポケも食べちゃうもんね。だってすぐ横にはずらりとおいしそうなポケ（MP）が並んだ、こんなステーションがあるんだから。

🅰1450 Ala Moana Blvd.🅿(808) 949-2996🅱12:00 - 20:00 (Super
market : 6:00 - 21:00)🅲無休ⓂP156 06

ステージ レストラン ［ニューアメリカン］
Stage Restaurant

僕はビーフウェリントン（牛肉のパイ包み焼き）の中にトリュフダスト、マッシュルーム、エリンギを加えたりするような、80年代のファインダイニングが大好きだった。ここはそんな80年代をイメージしたヒップなメニューに磨きをかけた料理に出合えるレストラン。最近はモダンな料理も増えたし、今の時代に合わせ、ロブスタービスクやシーザーサラダを、あえてアレンジして出してくるときもある。通常、エスカルゴ（＄18）にはガーリックバターを合わせることが多いけれど、先日はカリフラワーピュレを合わせたあっさりめのひと皿が出てきたし、ビーフウェリントン（＄60）には、赤ワインをベースにした少しベリーっぽい味わいのソースと、ブロッコリーやしめじをソテーしたものが添えてあった。そしてアヒ（＄20）はマヨネーズベースのソースをのせて焼き、ダイナマイト仕立てに！　といった具合に、思いも寄らないワクワクする組み合わせが楽しめた。さらに、デザートのリリコイ・クレームシュクレ（＄16）は、オリーブオイルのショートブレッドにバニラとリリコイのセミフレッドを重ねた芸術的な逸品で、本当に驚いたよ。

A1250 Kapi'olani Blvd.**P**(808) 237-5429**B**17:00 - 22:00**C**Sun & Mon**M**P156 `07`

スシイイ ［寿司、和食］
Sushi ii

かつては「ナツノヤ・ティー・ハウス（P140）」でもにぎっていたことがある大将が切り盛りするお寿司屋さん。お寿司以外にもハワイ島コナ産のアワビをポン酢和えにしたもの（＄22）など、ハワイならではの素材も味わえる。お寿司屋さんだけれど、ラムロリポップ（＄38）といったアメリカンスタイルの創作和食もオススメ。仕上げには甘エビのお頭のだしがきいた味噌汁（＄5.50）を。これがたまらなくおいしい。比較的遅い時間までやっているのもありがたい限りです。

A655 Ke'eaumoku St. #109**P**(808) 942-5350**B**11:00 - 13:15,
17:30 - 22:15 (Tue-Sat)、17:00 - 22:00 (Sun)、17:30 - 22:15
(Mon) **C**無休**M**P156 `08`

創業1977年。幼い頃から
お世話になってます

ビッグ アイランド キャンディーズ ［スイーツ］
Big Island Candies

もう何年前になるだろう!?　同僚のディーンと２人で朝５時のハワイ島ヒロ行きの飛行機に乗り、ここの本店までみんなのクリスマスプレゼントを買いに行ったことがあった。すぐにまた飛行機に乗り、オアフ島へ戻ってランチミーティングに駆け込み、ハワイ島からのプレゼントを配ったチャーミングな出来事を時々思い出す。1977年の創業以来、ローカルボーイの僕らにとってここは、欠かすことのできないお店のひとつ。今はアラモアナに支店があるのでいつでも行けて、食べられるのがありがたい。2019年に料理家の栗原はるみさんとコラボしたハワイアンソルトクッキー（＄24.50）は大人気になり、今も行列が絶えない。僕が長年愛しているのは、ダークチョコレート・マカダミアナッツ・ブラウニー（＄16.75）やチョコレート・ディップ・マカダミアナッツ・ショートブレッド（＄18.50）、コーン・チップ・クランチ（＄18）、ホーミーズ・トリーツのマック・ナッツ・クランベリー・クッキーズ（＄11）など、挙げればキリがない。冷凍のアップルパイとピーチアップルパイ（各＄26）は、オーブンで焼いて熱々を楽しんでいる。これはコンドミニアムにステイしていたらぜひ食べてみてほしい！

Ⓐ1450 Ala Moana Blvd. #1230 Ⓟ(808) 946-9213 Ⓑ10:00 - 20:00
Ⓒ無休 ⅯP156 09

Original Pancake House

日曜日の朝はパンケーキとオムレ
ツがよく似合う。オーダーするのは
ベーコン、じゃがいも、ネギ、サワー
クリーム添えのポテトオムレツ（＄
15.75）と、焼き上がりに30分かかる
名物のダッチベイビー（＄14.50）。
これはドイツ風のパンケーキで、レ
モン、パウダーシュガー、ホイップ
バターをのせて食べる分厚いパン
ケーキ。時々、浮気してアップルシ
ナモンパンケーキ（＄15.35）やロコ
モコ（＄13.95）を食べる。これらは
僕が子どもの頃から愛してやまな
い味わい。現在、こちらの店舗はシ
ェフチェンジのため休業中ですが、
カリヒ店は営業中です！

🅐1221 Kapi'olani Blvd. #103
🅟(808) 596-8213＊最新データはSean
のインスタグラムをチェックしてくださ
い。@incurablepicure🅜P156 10

Bernini Honolulu

ハワイでおいしいイタリアンにありつくのは、少し昔まで
は至難の業だった。でもここができてその問題は解決し
た。日本人シェフが作る真面目で繊細なイタリアンは本
当にありがたかった。スパゲッティ・アイリッチ・ディマー
レ（＄40）はマストオーダー。マッシュルームとイタリア
ンソーセージのピザ、ノルチア・ピザ・ビアンカ（＄26）、ロ
ーステッド・ハーフ・チキン（＄38）や和州フィレの上にフ
ォアグラ、下にはポテトピュレ、さらにトリュフのソース
がかかったロッシーニ（＄58）もはずせない。遅い時間の
みの、おつまみのようなレイトメニューがあるのもうれし
い限り。

🅐1218 Waimanu St.🅟(808) 591-8400🅑16:30 - 22:30🅒Mon
🅜P156 11

Choi's Kitchen

その昔、インターナショナルマーケットプレイスにあった韓国のファ
ストフード店が娘のジニーさんの代になってアラモアナエリアにお
引っ越し。バーベキュー・ショートリブとスパイシー・ポーク（＄22.95）
や、プルコギを卵で包んだミート・ジャン（＄17.95）、マンドゥー・クッ
ク・スープ（＄16.95）、キムチチャーハン（＄15.95）などを、奥さんと
シェアしながらのカジュアルランチ。といっても結構オーダーしてい
るからお腹はパンパン！　気軽で気楽でいいんです。

🅐427 S. King St.🅟(808) 200-5859🅑10:30 - 14:30🅒Sun＆First Mon🅜P156 12

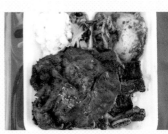

イレ ［韓国料理］
Ireh

たまに胃の調子が悪いとき、あまり食欲がないってとき（滅多にないけど）に出かけるところ。そんなときは決まってジュクと呼ばれるとろとろのお粥を注文。なかでもマッシュルームジュク（$15.95）はお気に入り。韓国の家庭料理だから味付けがやさしいのもありがたい。ヌードル系ではチキン（$17.95）やシーフード（$15.95）を。あっという間に僕のお腹は調子がよくなり、おモチとあんこがのったかき氷で〆。今は高級マンションの1階にお店がお引っ越し。店内も高級な雰囲気になったよ。

Ⓐ629 Keʻeaumoku St.Ⓟ(808) 943-6000
Ⓑ10:00 - 22:00Ⓒ無休ⓂP156 **13**

ニュー ヒョン ジェー コリアン レストラン ［焼肉］
New Hyung Je Korean Restaurant

僕はカルビが大好き。そして時々、いや、わりとよく焼肉を食べたくなる。そんなときはカジュアルな雰囲気で値段も手頃なここを訪れることが多い。最近、オーナーが変わって店名に"New"がついた。でも、素晴らしいことにキッチンスタッフは以前と同じ。だから、おいしさそのまま！ カルビ、ハラミ、牛タン、ユッケ（すべて各$38.95）の他、スパイス使いが肉の旨みをより引き出しているポークスペアリブ（$35.95）もオーダー。これは辛味噌をつけてサンチュに巻いて食べるスタイル。ちょっとヘルシーな気分になれてうれしいメニューでもあるのだ。スンドゥブ（$17.99）は上品な味わい。でも実はそれが本場の味わい。韓国と同じやさしい味わいがする。

Ⓐ636 Sheridan St.Ⓟ(808) 600-5433Ⓑ11:00 - 22:00
（Sun）、10:00 - 22:00（Mon-Sat）Ⓒ無休ⓂP156 **14**

パティスリー ラ パルム ドール ［スイーツ］
Patisserie La Palme D'Or

誰かのお誕生日にケーキを買うのは、ほとんどここ。日本人パティシエが作る繊細なケーキは、みんなにいつも喜んでもらえる。先日はママの妹のお誕生日だったので、ホールのストロベリー・ショートケーキ（$46）を。毎回ロールケーキとどちらにするか悩む。イートインもできるのでお誕生日ケーキを買いつつ、自分用にストロベリー・ショートケーキのスライス（$7.50）とグルテンフリーのパルムショコラ（$7）でちゃっかり午前中のおやつタイム。ドリンクは、下に入ったリリコイ・フルーツゼリーをくずしながら飲むのがおいしい、リリコイ・ジャスミン・アイスティー（$5.50）。ランチ用にエッグサラダ・クロワッサンサンド（$6.50）もピックアップ！

Ⓐ1450 Ala Moana Blvd.Ⓟ(808) 941-6161Ⓑ9:30 - 19:00Ⓒ無休
ⓂP156 **15**

お誕生日プレゼントのケーキはいつもここで

キング レストラン＆バー ［中華料理、スポーツバー］
King Restaurant & Bar

以前のオーナーは、ハワイ島ワイコロア店の「キリン」で働いていたシェフだったが、オーナーチェンジとともに、ハワイカイ ココマリーナにある中華料理店のシェフを引き抜いて新たにスタート。スポーツバーのような雰囲気はそのままに（まだカラオケもある）、ミックススタイルな中華料理が楽しめるようになった。クリスピーでスパイスの香りもいいジューシーな北京ダック（＄34.95）はバオバンに挟んで。ハニーウォールナッツと揚げたエビをマヨネーズソースにからめたハニー・ウォールナッツ・ブラウン（＄21.95）は、エビのプリプリとナッツのクリスピーな食感のリズムがいい感じ。ガーリック・ロブスターがドカンと入った裏メニューの麺（MP）は、見た目の豪快さにびっくり。でも味は繊細！　チャイニーズ・ニューイヤーにフードライターのみんなと行ってからどハマりしています。

A1340 Kapi'olani Blvd. #101 **P**(808) 957-9999
B11:00 - 22:00 **C**無休 **M**P156 16

ハイブレンド ヘルス バー＆カフェ ［ヘルスバー、カフェ］
HiBlend Health Bar & Cafe

暴飲暴食が続くと、デトックスのためにここへ体を整えに行く。いかにも体によさそうなネーミングが僕を救うデトックス・ネーター（＄9.50）は、ケール、香菜、ミント、セロリ、マンゴーなどがミックスされたスムージー。これが意外と飲みやすい。りんご、きゅうり、ほうれん草などのパワーハウスクレンズ（＄9.50）もよくオーダーする。ベーコン、トマト、アボカド、ケール、チーズが入ったヘルシーなクロワッサンサンド、ザ・ビーエーエルティー（＄14.75）は、変な話、食べるとすぐトイレに行きたくなるヘルシーなもの。わりとこれも体を整えたいときは頼りにしている。すっかり体がきれいになった気がして、スピナッチ・ターキー・シーザー（＄12.95）もオーダー。これをシーザードレッシングにディップして食べるのが最高にいい！　あれ？　結局、食べすぎ!?

A661 Ke'eaumoku St. **P**(808) 721-7303 **B**9:00 - 19:30
C無休 **M**P156 17

シェ ケンゾー バー＆グリル ［スポーツバー］
Chez Kenzo Bar & Grill

奥さんの仕事が遅い日は、ププやタパスが豊富なここでサクッとディナー。ワイキキの人気ラウンジでシェフをしていた方がオープンしただけあって、気軽なバーフードがとにかく充実している。まずはカボチャとベーコンのガーリック炒め（＄11）、シトラスペッパーで食べるチキンもも肉ソテー（＄12）、しゃぶしゃぶサラダ（＄16）、羽根チーズ餃子（＄14）などをつまんだあとは、明太子マヨパスタ（＄18）か、キムチオムライス（＄12）で〆。サクッとのつもりがおいしいから、なんだかんだでいろいろ食べちゃうんだよなぁ。

A1451 S. King St. **P**(808) 941-2439 **B**17:00 - 23:30 **C**無休
MP156 18

サクッと食べるつもりが、ついつい食べすぎちゃう！

Pho Saigon Restaurant

お義母さんがベトナム料理を食べたいと言うと、レアステーキが入ったやさしい味わいのフォー・タイ（＄18）が食べられるここへ来る。ワンタン・ヌードル（＄22）はもう少ししっかりした味付け。しいたけやデーツが入った薬膳ぽい味わいが体によさそうで気に入っている、ブレイズド・ダック・イン・エッグ・ヌードル・スープ（＄26）や揚げ春巻き（＄19）も忘れずにオーダー。お腹に余裕のあるときは、レモングラスの香りがいいグリルド・ポーク・ライス・プレート（＄22）も食べちゃう！

Ⓐ1538 Kapi'olani Blvd. #101Ⓟ(808) 955-1069
Ⓑ9:00 - 21:00Ⓒ無休ⓂP156 19

カリフォルニア ピザ キッチン ［ピザ］

California Pizza Kitchen

アラモアナセンターにもカハラモールにもあるから、ショッピングの合間のランチによく行く。オーダーするのはいつも同じもの。イタリアン・チョップ・サラダ（＄19.99）、スピナッチ・アーティチョーク・ディップ（＄14.25）、チキンの代わりにカリフラワーを使ったスパイシー・バッファロー・カリフラワー（＄10.75）などのプ、それにオリジナル・バーベキュー・チキン・ピザ（＄19.75）。お腹がいっぱいになったらまた奥さんのお買い物のお付き合い。

Ⓐ1450 Ala Moana Blvd. #3241Ⓟ(808) 941-7715
Ⓑ11:00 - 22:00 (Sun-Thu)、11:00 - 23:00 (Fri & Sat)Ⓒ無休
ⓂP156 20

キョングス シーフード ［韓国居酒屋］

Kyung's Seafood

もともとは「ケアモク・シーフード」という名前でやっていたお店で、僕はよくお刺身をテイクアウトしに行っていた。娘さんの代になった今も相変わらずローカルなハワイアン料理と韓国料理が楽しめる。ホット・醤油ポケ（MP）やガーリックシュリンプ（＄19.95）、カルビ（＄29.95）などのつまみも充実。気軽な居酒屋としてもいいので、たまに顔を出す。アラモアナのウォルマートからも近いですよ。

Ⓐ1269 S. King St.Ⓟ(808) 589-1144Ⓑ10:00 - 23:00
ⓒMon&TueⓂP156 21

ソラボル コリアン レストラン ［韓国料理］
Sorabol Korean Restaurant

金曜、土曜は24時間、他の日は深夜1時まで営業していて、仕事が不規則な僕ら夫婦の日々のごはんの場所として長年頼りにしていたレストランだった。けれども、少し前に「パゴタホテル」内に移転。営業時間も短くなって悲しい！ とはいえ、22時までやっていてくれてありがたいけどね。今も、カルビ焼肉、キムチチゲ（＄17.99）、カニのチゲ（＄29.99）などをいただきに、仕事帰りにたまに立ち寄る。辛いもの好きな僕は、一時期バターフィッシュのチゲ（＄29.99）にハマっていたこともあった。調子が悪いときはマンドゥ・クックスープ（＄19.99）や参鶏湯（＄28.99）で体を温め、癒してもらっている。

Ⓐ1525 Rycroft St.**Ⓟ**(808) 947-3113**Ⓑ**10:00 - 22:00**Ⓒ**無休**Ⓜ**P156 **22**

ロブスター キング ［シーフード］
Lobster King

リーズナブルにロブスターが食べられるお店ができた！ やった〜！と思って行ってみたらほかのものもおいしくて、バンザーイ！となった数年前。物価の高騰、パンデミック後は、少しだけ値上げされ、以前ほど安くはない。けれども他でロブスターを食べることを考えたら、まだまだありがたい金額をキープしている。ロブスターと一緒にほかの料理もオーダーすると、ロブスターの値段が少しだけ安くなるので、僕はその作戦でロブスターを思う存分味わうことにしている。まずは調理法とソースを選ぶのがここのスタイル。オススメは、蒸したロブスターにガーリックバターソースの組み合わせ（＄26.95/パウンド）。カニに合わせるなら、ソルテッド・エッグソース（＄48.95）がいい。ロブスター・チャンポン（＄30.95）は丸ごと1尾ロブスターが入っている豪華なもの。これをオーダーするとみんなが大喜び！

Ⓐ1380 S. King St.**Ⓟ**(808) 944-8288
Ⓑ11:00 - 22:00**Ⓒ**無休**Ⓜ**P156 **23**

> ロブスター好きにはたまらない！

スシ イザカヤ ガク ［寿司、居酒屋］
Sushi Izakaya Gaku

90年代後半、ハワイに居酒屋という言葉を広めたといっても過言ではない老舗居酒屋「イマナス亭（P109）」で働いていたマナブさんがオープンしたお店。寿司カウンターでシェフと話しながら、マグロの大トロ（MP）刺身、にぎりなど質のいいお寿司を堪能し、気のきいた酒の肴もつまみつつというスタイルが何ともいい。お気に入りのつまみはウニをヒラメで巻いたもの（MP）、エイヒレ（＄9.50）などのほか、時々登場するスペシャルメニューのタラバガニとコーンクリームのコロッケ（＄12.50）、だし巻き卵（＄6.50）など。いつでも変わらず、安定した味わいが楽しめるここへは、ばらちらし（＄48）だけを食べに行くことも。創業者のマナブさんは現在、東京・尾山台にもお店をオープンし、そちらにいるのでたまにしか会えず、ちょっと寂しい。

Ⓐ1329 S. King St.**Ⓟ**(808) 589-1329**Ⓑ**17:00 - 21:30**Ⓒ**Sun
ⓂP156 **24**

ホノルル ホットポット ハレ ［しゃぶしゃぶ］
Honolulu Hotpot Hale

2022年の秋くらいにオープンしたここは、中国北部の味わいをベースにしたスープで豚肉、牛肉、ラム肉のしゃぶしゃぶが楽しめるところ。全体的に山椒などが入ったスパイシーな味のスープが多いけれど、上品でコクのあるオリジナルビーフスープが個人的にはしっくりきている。肉は、薄切りにしたものが板にのってやってくるんだけど、その長さでオーダーするというおもしろいスタイル。例えば、プライムショートリブのハーフヤードは＄23.99といった具合。好みのスープを選んでしゃぶしゃぶするから鍋は1人1つずつ。これもちょっと楽しい。ソースは甘いごまダレやライムと酢を合わせたものなど。もちろん、野菜も白菜、レタス、もやし、ほうれん草などいろいろあり。鍋の基本ということで最後は、ハンドメイドヌードルで〆。鍋関係だと今僕の中ではここが一番ホット！

🅐1440 Kapi'olani Blvd. #102🄿(808) 888-8869🄱11:30 - 13:30, 17:00 - 22:00（Mon-Fri）、17:00 - 22:00（Sat & Sun）🄲無休
Ⓜ️P156 25

鍋は1人1つずつ。
お肉はヤードで注文！

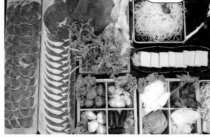

ジャパニーズ バーベキュー ヨシ ［焼肉］
Japanese BBQ Yoshi

ワイキキで長年にわたって愛され、惜しまれて閉店した「焼肉ヒロシ」がなくなって焼肉難民になった人は数知れず。僕もそうだった。でも今、僕にはここがある！ 始まりは焼肉ヒロシのスタッフだった方がオープン、今は別のオーナーになっているけれど、おいしさは変わらず。ザブトン、和州牛アンチャン（＄32）といった特別な部位も揃っているし、キムチの盛り合わせや牛タン、トロカルビなどの定番お肉とキムチがセットになった2人前のコース（＄300）もできた。足りなかったら追加もOK！ まずはコースをオーダーして、最後にビーフにぎり（＄22）を食べるのもいい。リブアイ焼きすきやトロカルビは和牛ですよ～！

とろける焼肉を食べたいときはここ！

🅐1316 Young St.🄿(808) 773-7013🄱17:00 - 21:00🄲無休Ⓜ️P156 26

スシ ユウ ［寿司］
Sushi You

ご夫婦で切り盛りするお寿司屋さん。にぎりを含むおまかせコースは、＄105！　サラダ、刺身、あん肝ポン酢、にぎり、巻き物、吸い物など、本当にこの金額でいいんですか!?という料理が8品も出てくる。昼間はテイクアウトもやっているので忙しいときには時々、ピックアップすることも。ところでこちらのご夫婦は本当に仲良し。ベスト寿司という店名にふさわしく、ベストカップルなお二人、とみんなが言うくらい。ベストなお寿司が食べたいのはもちろん、この仲良しご夫婦に癒されたくて、ついついここに足が向いちゃうんだよね〜。

🅐1296 S. Beretania St.#103🅟(808) 593-8464
🅑11:00 - 14:00 (take out only),17:30 - 21:30 (おまかせコース & take out)🅒Wed & Sun🅜P156 `27`

ジェイド ダイナスティ シーフード レストラン ［中華料理、飲茶］
Jade Dynasty Seafood Restaurant

アラモアナエリアで飲茶を食べようと思ったらここ。メロンパンのようにクリスピーで甘い外側の皮が、チャーシューの塩けと混ざり合う感じがなんともいえないおいしさのスノー・マウンテン・チャーシュー・バオ（＄5.75）は、マストオーダー。トリッパのカレーソース風味（＄6.25）や飲茶といえば欠かせない、エビのシグニチャーメニュー、シュリンプ・ダンプリング（蒸し餃子）（＄5.55）、玉ねぎの甘みとスパイシーなタレが肉にからんだスパイシー・モンゴリアン・ビーフ（＄17.50）、それにシーフードのお粥も欠かせない！　飲茶はひと口でパクッといけちゃうから、ついいろいろオーダーしちゃうんだよなぁ。

🅐1450 Ala Moana Blvd. #4220🅟(808) 947-8818🅑10:30 - 15:00,17:00 - 21:00🅒無休
🅜P156 `28`

ムスビ カフェ イヤスメ ［おむすび、弁当］
Musubi Cafe Iyasume

ミーティングとミーティングの間に少しだけブレイクタイムができたので、ポケモンをしながらリーズナブルランチをしようと考えた。そんなときはここに限る！　僕はローカルボーイだけれど、スパムが苦手。塩をかけた粘土みたいだなって思っている。でも、なぜだかここのは別！　僕がよく食べるのは、梅スパムむすび（＄2.48）とテリヤキスパムむすび（＄2.18）。もう少し時間があるときは焼きそばをセレクトする。観光客にも人気の日本スタイルのおむすび屋さんは、今やオアフ島になんと6店舗もあるんだそう。すごいよね！

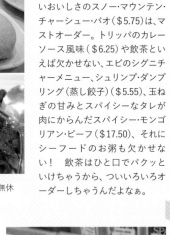

🅐1450 Ala Moana Blvd. #2278🅟(808) 304-8558🅑9:00 - 19:45🅒無休🅜P156 `29`

ゴールデン ポーク トンコツ ラーメン バー　［ラーメン、バー］
Golden Pork Tonkotsu Ramen Bar

麺類の中で一番好きなのはラーメンかも!?
ハワイに数あるラーメン屋さんのなかでここは
特に日本に近い味わいだと思うところ。豚骨ベ
ースに味噌がかたまりでのっているスパイシー・
レッド・ミソ・ドラゴン（＄15.50）と、ゴールデン・
ポーク・クラシック（＄13.95）にスパイシー・タカ
ナ（＄2）をプラスするのが僕のお気に入り。餃
子（＄6.75）、タコわさび（＄4.95）といった居酒
屋メニューも充実。

A 1279 S. King St. **P** (808) 888-5358
B 11:30 - 14:45,17:00 - 21:30 **C** 無休 **M** P156 **30**

バッファロー ワイルド ウィングス　［チキンウィング専門店］
Buffalo Wild Wings

奥さんが仕事で遅いとき、何度かお世
話になっているうちにおいしいメニュ
ーがいろいろあることを発見。チキン
ウィング（＄13.79〜）にはレモン・ペッ
パー・シーズニングやアジアン・ジング・
ソースをつけて食べるのがお気に入
り。ハッチ・ケソ・ディップ・ウィズ・チリ
（＄9.79+$0.75）、フライド・ピックル（＄
10.29）、オール・アメリカン・チーズ・バー
ガー（＄14.79）といった、フライドチキ
ン以外の料理も充実。まずはププをいた
だいてから、チキンウィングを頬張るの
が僕のいつものチョイス。

A 1450 Ala Moana Blvd. #3326
P (808) 942-5445 **B** 11:00 - 1:00am
（Sun-Wed）、11:00 - 2:00am（Thu-Sat）
＊フットボールシーズンは時々8:00〜とか早
めにオープンするときもあり。 **M** P156 **31**

スシ ムラヤマ　［寿司］
Sushi Murayama

ローカルに愛されているお寿司屋さん。その一番の
理由は、ネタのデカさ！　「フローリック・ハワイ」と
いうフードサイトに、僕のコスパ・ベスト5を執筆し
た際にも、ここを入れたくらい。おまかせコースは
寿司以外に前菜、焼き物、天ぷら、手巻き寿司など
が出てきて＄180。先日はクリーミーなとろけるあん
肝も出てきて幸せだったなぁ。しかも前述した通り、
どのネタもドーンとでっかいから満足度も高し。ア
ラモアナセンターからも近いので何かと便利です。

A 808 Sheridan St. #307 **P** (808) 784-2100 **B** 17:00 - 21:00
（Sun）、17:30 - 21:00（Mon）、11:30 - 14:00,17:30 -
21:00（Tue-Thu）、11:30 - 14:00, 17:30 - 21:30（Fri &
Sat）**C** 無休 **M** P156 **32**

Rokkaku Hamakatsu

ロッカク ハマカツ　[トンカツ、和食]

以前は和食がメインだったけれど、店名に"ハマカツ"が付いてトンカツがメインになった。場所柄、アラモアナセンターでショッピングのあとのランチに便利。ガッツリ食べたいときは黒豚ロースカツ＆ヒレカツ（＄27）。ライトにいこうと思うと、天ざるそば（＄24）にすることが多い。ハワイの天ぷらは衣が分厚いことがほとんどだけれど、ここのは日本で食べるサクッとした薄い衣に近い。だしがきいた絶妙の味わいのそばつゆに天ぷらをディップして食べると最高～。裏メニューのサーモン＆イクラ丼（＄35）でちょっと贅沢するときも。ここは、気分や体調に合わせていろいろ選べる頼りになるところなのです。

Ⓐ1450 Ala Moana Blvd. #2056 Ⓟ(808) 946-3355 Ⓑ11:00 - 19:30（Sun-Thu）、11:00 - 20:00（Fri & Sat）Ⓒ無休 Ⓜ P156 ［33］

La Pizza Rina

ラ ピザ リナ　［ピザ］

夫婦で一番行くピザ屋さんは、ベトナム人がやっているアメリカンスタイルのこちら。薄くて、ふわっとしているパンのような生地も、塩加減も、トッピングのバランスもいい。トマトソースはやや甘め。僕のお気に入りはペパロニ・マッシュルームだけれど、奥さんはコンビネーションが好き。なので仕方なく、玉ねぎ、ペパロニ、イタリアンソーセージなど7種のトッピングがのったコンビネーションのハーフ＆ハーフにする。どういうことかというと、僕は2トッピングで、奥さんのは7トッピングだから、ハーフ＆ハーフといえども、多いほうの値段で計算されてしまうということ（＄20.75～30.50）。これを言うと、いつもセコイと言い返されてしょんぼり。しかも最近、奥さんはラザニアにハマっていて、本当は私はパスタも食べたいけれど我慢しているから、あなたも我慢してって……。なんか意味が違うよね!?（笑）

ピザも、ラザニアも、パスタも食べたい！

Ⓐ1425 S. King St. Ⓟ(808) 941-6634 Ⓑ11:00 - 14:30,17:00 - 21:00（Mon-Sat）、17:00 - 21:00（Sun）Ⓒ無休 Ⓜ P156 ［34］

アサジオ リストランテ イタリアーノ ［アメリカ系イタリア料理］
Assaggio Ristorante Italiano

ハワイの人たち（僕も）は、トマトベースのちょっとファミレス的なメニューに近いイタリアンに慣れている。ここはハワイに6店舗ある、アメリカンスタイルのイタリアン。よくランチミーティングのときに仕事仲間とやってくる。オーダーするのは、テーブル横で作ってくれるシーザーサラダ（$11.90/1人前）やアサリのパスタ（$24.90/S）、チキンプッタネスカ（$22.90/S）などといった、シンプルなもの。仕事の話をしながら、このちょっと懐かしい味わいに安心している僕がいる。たまにはこういうのもいい。

> 昔からハワイにある
> ホッとするイタリアンフード

Ⓐ1450 Ala Moana Blvd. #1259 Ⓟ(808) 942-3446 Ⓑ11:00 - 14:15,16:30 - 20:15（Sun-Thu）、11:00 - 14:15,16:30 - 21:00（Fri & Sat）Ⓒ無休ⓂP156 **35**

ユッチャン コリアン レストラン ［韓国料理］
Yu Chun Korean Restaurant

アラモアナにより近いケアモクにお店があった頃から、撮影後に芸能人の皆さんをお連れしていたレストラン。最近はなかなかここでそういうことをしなくなったけれど、やっぱりおいしいし、さっぱりしたものを食べたい気分と、ちょっとコクが欲しいなぁという両方の気分を満足させてくれる唯一無二のところ。僕が毎回オーダーするのは決まって、本場韓国よりも少し濃いめの味付けで、シャリシャリの氷が入ったスープがハワイの暑い日にぴったりなビビン冷麺（$16.95）とカルビ（$38.95）のセット。これは、冷麺が2つと、カルビかプルコギまたは、スパイシー・ポークが選べるセットで、単品で注文するよりうんとお得なのだ。ものすごくお腹がすいているときは、シーフード入りのチヂミ（$25.95）や、水餃子（$16.95）なんかも欲張りに追加しちゃう。

> なんだかんだで、やっぱり行っちゃう！

Ⓐ1159 Kapi'olani Blvd. Ⓟ(808) 589-0022 Ⓑ11:00 - 21:30 Ⓒ無休ⓂP156 **36**

Eastern Paradise Restaurant

イースタン パラダイス レストラン ［中華料理］

ここは中国北部の料理なので、油が少なめでヘルシー。あっさり、さっぱりのクラゲと白菜の酢の物（＄24.95）や裏メニューの甘辛いエビチリ（＄24.95）、スパイシーなタレとネギ、唐辛子を加えたモンゴリアン・ビーフソテー（＄19.95）などが僕の定番。最近は、上海キャベツのガーリックソース炒め（＄16.95）とアスパラガス、チキン、マッシュルームの炒め物（＄17.95）（ともに裏メニュー）も定番オーダーに加わりつつある。オーナーは日本語も話せる、おもてなしの精神あふれる人。昔から日本のメディアの人たちがここに来るのがよ〜くわかる。

ついつい足が向く、定番中の定番

🅐1403 S. King St.🅟(808) 941-5858🅑10:30 - 20:00🅒Mon🅜P156 **37**

Ichiriki Nabe Japanese Restaurant

イチリキ ナベ ジャパニーズ レストラン ［鍋料理］

友達と鍋ナイト。まず、ちゃんこ鍋（＄28.95）、神戸牛のしゃぶしゃぶ（＄33.95）、すき焼き（＄34.95）などのセットを2種以上選び、それから柚子胡椒、塩ピリ辛、ピリ辛味のアングリーごま、トムヤム、キムチ、すき焼きなどの14種のスープから好みのものを選ぶ。あとは、黒豚、リブアイ、きのこの盛り合わせ、シーフードなどの具材をセレクトして、しゃぶしゃぶしたり、ちょっと煮込んだりしながら好みの加減で楽しむ。大勢のときは特に、みんなで同じ鍋をつつくこのスタイルがとにかく楽しいし、大勢いればいるほど、いろいろな鍋が味わえていいのだ〜。

🅐510 Piikoi St.🅟(808) 589-2299🅑11:00 - 21:30（Sun-Thu）、11:00 - 22:30（Fri & Sat）🅒無休🅜P156 **38**

Morton's The Steakhouse

モートンズ ザ ステーキハウス ［ステーキ、バー］

ここは大晦日やホリデーパーティーなど特別な日におしゃれして出かけるところ。先日は大晦日のカウントダウンの花火前に今年もお疲れ様ってことで豪華なディナーをいただいた。僕はフィレミニヨンにロブスターをプラスオン（＄66）、奥さんはリブアイ（＄72/22オンス）。エビにパン粉をまぶして揚げ焼きにし、ホワイトバターソースで食べるジャンボ・シュリンプ・アレクサンダー（＄23）も、特別な日ってことで注文しちゃった。ところで僕はここのバーも好きでパワーアワーによく立ち寄る。そこで、プチハンバーガーのフィレミニヨンなどをパクッと食べてちょっと飲んで、夕飯までの時間を過ごすことも。レギュラータイムに食べられるモートンズ・オリジナル・ハンバーガー（＄25）もオススメ。パワーアワーなら、なんとこれも＄19.78！

特別な日に、スペシャルなフードを

特別な日に、大切な人と、

🅐1450 Ala Moana Blvd.🅟(808) 949-1300🅑16:00 - 21:00（Sun-Thu）、16:00 - 22:00（Fri & Sat）🅒無休🅜P156 **39**

Yaki Yaki Miwa

ヤキ ヤキ ミワ ［鉄板焼き］

今は、スペシャリストに焼いてもらえるよ！

たまに無性に鉄板焼きが食べたいときがある。そんなときはここに限る！ 以前は、自分で目の前にある鉄板を使って焼くスタイルだったけれど、今は、焼きのスペシャリストがおいしく焼いてくれるから失敗する心配もない。シーフードネギ焼き（$16）、豚キムチ、アワビ（$44）、コロコロステーキ（$33）、豚平焼き（$10）などが、いい感じの焼き目をつけて焼き上がってくるからうれしくてついついたくさん注文しちゃう。炭水化物が多いのに、いくらでも食べられるから危ない、危ない。ポケとアボカドとトマトのサラダ（$10.50）も食べつつ、バランスよくね！

A 1423 S. King St. **P** (808) 983-3838 **B** 17:00 - 23:00 **C** Mon & Tue **M** P156 40

Spice Up, House of Indian Cuisine

スパイス アップ ハウス オブ インディアン キュイジーヌ ［インド料理］

また新たなインド料理への扉、オープン！

僕は新しいインド料理店を発見するとなんだかうれしくなる。2021年にオープンしたここは、近所をぶらっとしていたときに見つけてさっそく食べに行ったところ。シェフは「ボンベイ・パレス（P24）」で働いていた方で、スタッフもほぼインド人、ってことでおいしいに決まってる！と、ビシビシ反応したアンテナは間違いなかった。皮がモチモチのベジモモ（$6.95）は醤油ではなくて、チャツネをつけて食べるスタイル。チキン・ティカマサラ、バターチキン（各$17.45）、野菜とチーズがのったほうれん草ベースのパラック・パニール、ラム肉のラック・オブ・ラム（$33.99）など、いろいろなカレーをオーダーして、ガーリックチーズナンで食べるのが好き。スパイスの香りに包まれるこの感じもたまらない！

A 1289 S. King St .#101 **P** (808) 784-0338 **B** 11:00 - 13:30,17:00 - 20:30 **C** Tue **M** P156 41

Cloud Nine Cafe

クラウド ナイン カフェ ［台湾料理、カフェ］

台湾人オーナーが切り盛りするここは、ボバティーに加え、スフレパンケーキや台湾フードもある新しいスタイルのカフェ。スフレパンケーキはカステラ風で、ストロベリークリーム（$13.25）や塩クリームチーズなどのソースが選べる。僕のお気に入りはチージィ・チーズ・カステラ・ケーキ（$9/ハーフ）。より卵感が強いスポンジにミックスチーズがサンドされていてふんわり軽い食感。ランチにもちょうどいい。サイドには、ゆで卵を貴重なアリサンティーと醤油に浸したアリィ・マウンテン・ティー・エッグ（$1.50）を。その他のフードも、ごまとチリソースの冷やし麺、豚肉の煮込みをのせた丼、水餃子など充実。ランチにも、ティータイムにも便利ですよ。

A 1221 Kapi'olani Blvd. #111 **P** (808) 739-9988 **B** 8:00 - 15:00(Sun & Mon, Wed & Thu)、8:00 - 17:00(Fri & Sat) **C** Tue **M** P156 42

Farmhouse Cafe

ファームハウス カフェ ［カフェ］

日本で暮らしていたこともあるというモロッコ人のシェフが作る料理は、フレンチベースの、ブレックファースト＆ランチ。僕がここ最近ハワイで一番好きなクロックムッシュ（＄20）には、ダックの卵をプラス（＄3.50）してマダムにすることも可能。パルメザンチーズとハーブをミックスしたオムレツ（＄15）は季節のフルーツも添えてあって朝ごはんにちょうどいい。だけど、僕はこれに薄切りのじゃがいもを重ねてバターガーリック・クリームソースをサンドしてオーブンで焼き上げたポテトミルフィーユ（＄15）もプラスして、一緒にいる人とシェアする。これはドフィノアよりも分厚くて外はカリッ、中はとろ〜りのスペシャルなひと皿。もっと食べたいときはオムレツにサラミ（＄7.50）をプラスすることも。ヘルシーな気分のときはアサイボウル（＄14）をゆっくり堪能する。

Ⓐ808 Sheridan St. #107Ⓟ(808) 888-2055Ⓑ9:00 - 15:00ⒸSun
ⓂP156 43

Akasaka

アカサカ ［和食］

> 灯台下暗し、でした！

アラモアナセンターの裏手にあるここは、実はかなりの老舗。久しぶりに伺ったら、やっぱりすごく上質な和食が食べられるところだったよ〜！　と、思い出したというか、思い知らされた感じ。さすがです！　オススメは超リッチで質のいい大トロ（＄45.95）や刺身コンビネーション・デラックス・スペシャル（＄99.95）などの刺身類。特上にぎりスシ・コンビネーションは、マグロ、ハマチなど充実のネタなのに、＄38.95！と、お財布にうれしい、ありがたいメニュー。

Ⓐ1646 Kona St. BⓅ(808) 942-4466
Ⓑ11:00 - 14:00,17:00 - 22:00（Mon-Wed）、
11:00 - 14:00,17:00 - 23:00（Thu-Sun）
Ⓒ無休ⓂP156 44

Kamukura Ramen

カムクラ ラーメン ［ラーメン］

初めてお店の名前を聞いたとき"カマクラ"!?と思った。だから大仏みたいになれるかなって思っていっぱい食べに行っていた。ある日、よーく看板を見たら"カムクラ"だった（笑）。こちらの定番、オイシイ・ラーメン（＄13.99）は、チキンコンソメのような上品なベースのスープでちょっぴりフランスを感じる味わい。上品（？）な僕にもピッタリ。ハワイ限定のチーズ・トマト・ラーメン＆リゾット・コンボ（＄22.99）は、まずトマトチーズスープでラーメンを食べ、そのあと、スープにご飯を入れてチーズをかけてリゾットにして食べる、ひとつで二度おいしい幸せを味わえるもの。ちなみにこれはちょっとイタリアを思わせる感じ。いわゆるラーメン屋さんじゃない、変化球ラーメンが楽しめます。

Ⓐ1450 Ala Moana Blvd.Ⓟ(808) 400-0705Ⓑ9:00 - 19:30（Mon-Thu）、9:00 - 20:00（Fri-Sun）Ⓒ無休ⓂP156 45

キング オブ タイ ポート ヌードルズ ［タイ料理］

King of Thai Boat Noodles

ワイキキ店もあるけれど、アラモアナセンターで買い物をしたり、家からサクッと出かけるとなると、ここが近くて便利。さっぱりしているけれど、味わいしっかりのクラブミート・フライドライス（$19）や、甘じょっぱいスープがダックと相性のいいローステッド・ダック・ヌードル・スープ（$17）などが僕の定番。ハワイで食べるパナンカレーはたいてい濃厚なものが多いけれど、ここのは上品！ チキン（$15）とビーフ（$17）の2種があって、僕はほかのお店ではチキンを選ぶけれど、ここでは両方注文してしまうくらい甲乙つけがたい。どんなにお腹がいっぱいでもオーダーするのはディープフライド・カラマリ（$15）。スイートチリソースをたっぷりつけて食べるのがいい。ソースを追加するくらいたっぷりとね！

A 661 Ke'eaumoku St. #103 **P** (808) 949-3800 **B** 11:00 - 23:00 **C** 無休
M P156 **46**

タナカ ラーメン & イザカヤ ［ラーメン、居酒屋］

Tanaka Ramen & Izakaya

東海岸でオープンしたラーメン屋さんがアラモアナエリアにもオープン！ チキンベースのあっさりめのスープに、香菜とキクラゲがたっぷりのったチリ・シラントロ・ラーメン（$13.80）を初めて食べたときはホント驚いた。僕が好きだった、かつてハワイにあった「アグーラーメン」の味を思い出したからだ。そのお店で僕は、日本が香菜ブームだったときに香菜入りのラーメンを提案したら"シラントロ・ライム・ラーメン"というラーメンを作ってくれたことがあった。これはその味を思い出す味わい。残念ながらお店は閉店し、オーナーは天国に行ってしまい、とても悲しかった。でも今、僕にはここがある。こちらのラーメンのベースはチキンとトンコツ。チーズがのったものなどもあり、ますます僕はうれしい！これからまだいろいろ試してみたいメニューもある。が、その前にヘルシーなものも食べておかないとね。例えば、キクラゲとカツオ節がたっぷりのったコールド・トウフ・サラダ（$8.49）とかをさ。

A 1450 Ala Moana Blvd. #2054 **P** (808) 400-0506 **B** 11:00 - 21:00(Sun - Fri)、11:00 - 21:30(Sat) **C** 無休 **M** P156 **47**

ルシェロ ［イタリア系アメリカ料理］
Ruscello

ブラックフライデーのセールで盛り上がるアラモアナセンターでの買い物のあとは、「ノードストローム」内のここでディナー。イタリア系といっても、ここの料理は地中海も混ざったアメリカンなスタイル。パルミジャーノ・クリームソースがたっぷりかかったリッチなポートベローマッシュルーム・ラビオリ（$18.75）、ロブスター・ビスク（$8.25/S）、やわらかく揚がったイカに酸味がきいた味付けのクリスプ・カラマリ（$15.25）、香菜とライムのサラダの上にアラスカサーモンがのったサラダ（$21）などが僕のお気に入り。奥さんのお気に入りはスパイシー・ワイルド・ポモドーロ（$22）。リッチなものとヘルシーなもののメニューバランスがいいから、その日の気分で選べてありがたい。

A 1450 Ala Moana Blvd. #2950 **P** (808) 953-6110 **B** 11:00 - 19:00 (Sun)、11:00 - 20:00(Mon-Sat) **C** 無休 **M** P156　48

> 器の美しさや
> 盛りつけも、味わいのうち

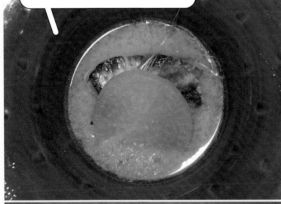

ナンザン ギロギロ ［和食］
Nanzan GiroGiro

食材が持つ自然の旨みを引き出しつつ、組み合わせた食材との妙を限りなく楽しめるのが大将 松本吉弘さんの料理。メニューは9品コース（$176）と6品コース（$88）のコースのみ。僕のオススメはメインが2つとデザートも含まれている9品コース。鯛のお刺身とタコとイクラ、小松菜、ヤシの実などの酢の物ゼリー寄せ、ハマチの漬けをお茶漬け風にしてカラスミパウダーをふったもの、銀ムツの味噌汁など、ひとつひとつ丁寧に仕込みがされた繊細な料理は、日本料理でありながらハワイの素材も生かしたもの。美しい器や盛りつけを愛でながら、料理を味わう幸せ。これぞ目にも舌にもおいしいってやつだね。あ、ちなみに6品コースにはプラス$16でデザートの追加も可能ですよ。

A 560 Pensacola St .#107 **P** (808) 524-0141 **B** 17:30 - 21:30 **C** Tue & Wed **M** P156　49

ミアン ［四川麺専門店］

Mian

マイルドだけれど辛い、ごまの冷たい麺（$12.99）がハマるここは、四川麺の専門店。スープなしの麺にのったひき肉にチリオイルと醤油ソースを混ぜながら食べるチェンドゥ・ザジャンメン（$13.99）は、いわゆるジャージャー麺とは違って山椒の香り漂う汁がうっすら入っている。上にのっているフライドエッグをくずしつつ、スパイシーなひき肉と麺を和えながら食べるんだけど、これがクセになるうまさ！　黒酢とガーリックのソースがきいたピリ辛のハウスポーク・ダンプリング（$13.99）やスペアリブ入りのヌードル（$14.99）などもよくオーダーするメニュー。クイックランチのときにも便利ですよ。

🅐808 Sheridan St.#105🅟(808) 589-1118🅑11:00 - 15:00, 17:00 - 21:00🅒無休
🄼P156 50

シンマテイ ［東南アジア料理］

SingMaTei

僕はシンガポール料理が大好き。シンガポール料理とは、マレーシアを中心に、インド、広東などがミックスしたもの。なかでも僕は長い間スキヤキビーフ・ラクサ（$17.95）にハマっている。ラクサとはスパイスがきいた東南アジアの汁麺。ここではエッグヌードルと米麺のものがあり、シーフードとチキンのだしがきいたピリッとしたスープに合わせている。初めてテイクアウトで食べたときは、麺とスープを別々にしてくれる丁寧な対応にも感動したっけ。もともとここは、アラモアナセンターの「マカイ・マーケット」にあって、そのときもフードコートでこんな料理が食べられるだなんて、と感激したところだった。プレートランチをオーダーするときは、ブラックペッパー・ポークチョップ（$15.95）を。ピリ辛の豚肉にバタフライピー（青いお茶）で炊いたジャスミンライスがよく合う！　シンガポールはこういったエキゾチックなストリートフードが多い。ここは、その雰囲気や味わいもそのままに、真面目に丁寧に料理したものが出てくるのがわかるスペシャルなところ。

🅐1450 Ala Moana Blvd.#1160B🅟(808) 940-6228🅑10:00 - 20:00🅒無休🄼P156 51

ヤン イー キー ディム サム ［飲茶専門店］

Yung Yee Kee Dim Sum

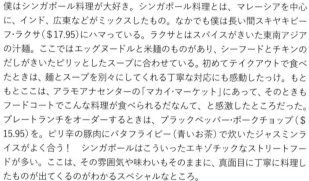

中国人の方が切り盛りしているここは、比較的新しめの飲茶専門店。ガーリックと塩でシンプルに調理されたトリッパ（$7.50）や、広東出身の友人たちも大好きというカレー風味のビーフ・テンドン（$7.50）は、脂身多めでジューシー。外の皮がクリスピーで中はしっとりのタロ・パフ（$6）、ルックファンという分厚いモチモチ麺に、XO醤とガーリックとともに炒めた貝柱の旨みがたっぷりしみ込んだステアーフライド・ルックファン・ウィズ・エックスオージャンソース（$12.95）などを、ちょっぴり高級な雰囲気の店内で味わう感じも新しい。アラモアナエリアで食べる飲茶の選択肢が増えたのは、とにかくうれしい。

🅐1411 Kapi'olani Blvd.🅟(808) 955-7478🅑10:00 - 21:00（Mon-Fri）、9:00 - 21:00 (Sat & Sun)🅒無休🄼P156 52

イザカヤ ウオサン ［居酒屋］
Izakaya Uosan

人気店「スシ・イザカヤ・ガク（P47）」にいた料理人が独立し、新たなお店をオープンしたのはもう数年前のこと。ノドグロ、中トロ（＄32）、タチウオ（＄24）、ヒラメ（＄23）、甘エビ（＄12.50）といったクオリティの高いお刺身、ウニ茶碗蒸し（＄17.50）、フィッシュケーキのしそ巻き天（＄6.50）、牛タンネギたっぷりのせごま油和えなど、お酒がすすむ料理が充実。まずはそれらを肴にちびちびやりながら、お寿司にお腹の余裕を残しつつ食べる。さらにお寿司を食べながら、最後の最後に食べるウニとトリュフとバターがのった夢の共演の卵かけご飯（＄21）にもお腹の隙間を残しておくのを忘れないようにする。この豪華絢爛の塊のようなご飯は、ひと口食べると「うーん」と声が漏れるとろける味わい。濃厚なので、ほんのひと口で大満足。でも、やっぱり毎回食べたくなってしまう一品。また行きたい居酒屋が増えてうれしいと思ったのも束の間、瞬く間に人気店になったのには理由がある。僕が思うに、ひとつは料理のおいしさと素材の質のよさ、もうひとつはここのシェフのカッコよさ！じゃないかな〜。僕に言われてもうれしくないだろうけれど、男の僕から見てもカッコイイ。そんな人の作る料理はやっぱりおいしくてカッコイイんだよね。

Ⓐ1221 Kapi'olani Blvd.Ⓟ(808) 200-5077
Ⓑ17:00 - 22:00ⒸWedⓂP156 53

ドウォン チャイニーズ レストラン ［中華料理］
Dowon Chinese Restaurant

ここは中国北部の料理が中心。だから少し韓国料理が合わさったような、広東料理よりもやさしい味わい。シーフード入りのジャジャン麺（＄13.50）や、シーフード入りのチャンポン（＄18.95）はピリ辛で、僕も奥さんもお気に入り。欠かせないのは、スイートサワー・ポーク（＄24.95）。いわゆる酢豚なんだけど、野菜がたっぷりで味付けはあっさりめだから、ちょっとヘルシーな気分になれる。それからしょうがとチリがきいたキャベツのキムチ。白菜じゃなくてキャベツ！　これがフレッシュで最高です。

Ⓐ510 Piikoi St. #106Ⓟ(808) 596-0008Ⓑ11:00 - 21:00ⒸWedⓂP156 54

ニーマン マーカス エスプレッソ バー ［カフェ］
Neiman Marcus Espresso Bar

ハワイで一番好きなオックステール・スープ（＄25）がいただける「マーメイド・バー」がお休み中の間は、木曜日のみここで同じ味が味わえる。だけど、オープンと同時にすぐ売り切れてしまうので、みんなオープン前から行列してオーダーする。並ぶのが嫌いな僕もこの日ばかりは仕方なく、行儀よく列に並ぶ。僕はここのカフェが大好き。木曜日以外は、ニーマン・マーカス・クラシック・チキン・サラダ・サンドイッチ（＄15）や日替わりスープとハーフサンドイッチのセット、サンプラー（＄17）を。ティータイムにはチョコレート・チップ・クッキー（＄5）やキャロットケーキ（＄10）と、いつもオーダーするのは同じものばかり。だから、日本の定食屋よろしく"いつもの！"的な感じでキメている。

Ⓐ1450 Ala Moana Blvd.Ⓟ(808) 951-3445
Ⓑ11:00 - 15:30 (Mon-Sat)、12:00 - 15:30 (Sun)
Ⓒ無休ⓂP156 55

スイート イーズ カフェ ［カフェ］
Sweet E's Cafe

小さなモール内の奥にあった最初の場所が隠れ家っぽくて好きだったけれど、数年前にカパフル通りに面した少し広いところに移転した。でも、場所は変われど、おいしさは変わらず。ポチギソーセージ、ベーコン、玉ねぎ、チェダーチーズなどの具材がぐちゃぐちゃに混ざったエクストリーム・メス・オムレツ（$15.95）

や、カルアポーク・エッグ・ベネディクト（$15.50）、ブルーベリーとクリームチーズが中に入っているフレンチ・トースト（$13.50）など、いつだって食べたいメニューがモリモリ。

A 1006 Kapahulu Ave. **P** (808) 737-7771 **B** 7:00 - 13:30 **C** 無休 **M** P157 **01**

> いつだって僕を幸せに誘ってくれるスペシャルなところ

スシ ギンザ オノデラ ［寿司］
Sushi Ginza Onodera

スペシャルなときに行くお寿司屋さん。ごく稀にだけど、誰かが連れて行ってくれるといううれしいときもある。マグロのとろけるおいしさとサンタバーバラや日本から仕入れるウニが僕の大のお気に入り。季節でメニューは変わるけれど、こまやかな仕事を感じるゴージャスな寿司体験は、いつも僕をワクワクさせる。ある日のコースで出てきたボタンエビに桜の花びらをあしらったにぎりや、柚子皮が添えられていた赤身、チェック模様に仕立てられた厚焼き卵などなど、ひと品ごとに思わず歓声がもれる。大トロはいうまでもなく、この上ないとろけ具合。一瞬でシュッととろけるあの感じは、何度体験しても幸せ。ランチのおまかせコースは$100か$150、ディナーは$300。カウンターのほか、個室もあり。

A 808 Kapahulu Ave. **P** (808) 735-2375 **B** 17:00 - 22:00 (Mon, Thu & Fri)、11:00 - 15:00 (Sat & Sun) **C** Tue & Wed **M** P157 **02**

A525 Kapahulu Ave.#AP(808) 737-4118
B11:30 - 21:00 (Mon-Fri) (14:00 - 17:30/
take out only), 17:30 - 21:00 (Sat) CSun
MP157 03

サンライズ レストラン ［沖縄料理］
Sunrise Restaurant

沖縄のうるま市からやってきたご主人が、彼の奥さんの叔母さんのあとを継いでやっている。なぜサンライズかというと、昔は朝ごはんのお店だったから。今はディナー営業がメインなので、正しくは"サンセット レストラン"!?なのかもだけど、まぁ、名前はそのまま今に至る。人気のゴーヤーチャンプルは、"ポーク・ビターメロン"($11)と表記されているのでお間違えなきように。沖縄そば（$12）は三枚肉が入ったスタンダードなもの。とろけるやわらかさのラフテー（$14）は、予約時にお願いしておくと作ってくれる、とっておきメニュー。ご主人がサイミン用のレンゲで時々、三線を弾いてくれたりするホットなお店だよ。

トンカツ タマフジ ［トンカツ］
Tonkatsu Tamafuji

日本のトンカツよりもおいしいかも!? っていうくらい、ここのトンカツのレベルは高い。このおいしさをみんなに知ってもらいたくて、「gaytravel.com」というウェブマガジンの仕事で、ゲイフレンドリーなレストランやホテルを取材するときにもオススメしたくらい。熟成テンダーロインカツ（$25/3ピース/ヒレ）、熟成ロースカツ（$27.50/240g）などの定番もいいし、みぞれカツもいい。迷いに迷って結局僕はいつもヒレカツをオーダーして、さりげなくエビフライ（$7）も追加しちゃったりして、決めきれないのです。

A449 Kapahulu Ave.A(808) 922-1212B16:00 - 21:30（Mon, Wed-Fri）、11:00 -
14:00, 17:00 - 21:30 (Sat & Sun) CTueMP157 04

A2929 Kapi'olani Blvd.P(808) 735-4152B10:00 - 21:00C無休
MP157 05

タイ イッサン キュイジーヌ ［タイ料理］
Thai Issan Cuisine

知り合いのタイ人の奥さんに、どこにタイ料理を食べに行くのか聞いたところ、教えてくれたのがここ。ハワイはタイとラオスのシェフが多い。どちらかというとラオスのほうが濃いめで、タイはやさしい味付け。こちらのお店の味わいはタイスタイルで、僕はたっぷりの野菜と一緒に炒めるチャオファン・ヌードルや、プリプリのエビの食感と甘みがいいパッタイ（$15.95）、チキンのパナン（ピーナッツ）カレー（$13.95）が特に好み。バジル、オイスターソース、チリにアサリのだしが合わさったスパイシー・クラム（$17.95）の旨みたっぷりの汁が、いつも最後、もったないと思って、麺かご飯を入れたくなっちゃう。でも、ダメダメ、ガマン、ガマン。ほかにもおいしいものがたくさんあるんだから、ここで炭水化物をとっている場合じゃないのだ。

ダ オノ ハワイアン フード ［ハワイ料理］

Da Ono Hawaiian Food

「オノ・ハワイアン・フード」だったここが店名を新たにスタートしたのは、数年前のこと。パパが好きだったから子どもの頃からよく食べに来ていたので、閉店したときはショックだったけれど、復活してうれしかった。しかも新オーナーは場所を受け継いだだけじゃなく、元の料理人もそのまま雇ったので同じ味が味わえるというミラクル！　僕が大好きなロミサーモン（＄6.90）もハウピア（＄3.90）も、定番のラウラウもカルアピッグ（各＄11.90）も、あの味わいが健在だよ。

🅐726 Kapahulu Ave. 🅟(808) 773-0006 🅑12:00 - 20:00
🅒Mon&Tue🅜P157 **06**

サイド ストリート イン オン ダ ストリップ ［ローカルフード］

Side Street Inn on Da Strip

僕がレストラン巡りをするようになったのは、大学生の頃から。そのときに知り合ったいろいろなレストランのスタッフとは今も仲良し。仕事が終わるとよくカラオケに行ったりしていた。ここもそのひとつ。深夜になると仕事終わりのシェフたちが食事に来たりして、ワイワイみんなで飲んだり食べたりしたのはいい思い出。ポークチョップ（＄31）やザ・ワークス・フライドライス（＄24）など、ぜーんぶ茶色！という料理がほとんどなんだけれど、それがローカルテイスト。ローカルフードをガッツリ楽しみたいときは、やっぱりここへ足が向く。

全面茶色は、ローカルテイストの印

🅐614 Kapahulu Ave. #100🅟(808) 739-3939🅑16:00 - 21:00
（Mon-Fri）、11:00 - 21:00（Sat & Sun）🅒無休🅜P157 **07**

おしゃべりしながら自動で焼き、焼き！

ホノルル スキューア ハウス ［炭火焼き］

Honolulu Skewer House

炭火焼きの串焼き店というと大将が焼いてくれる場合がほとんどで、稀に自分で焼く場合は、真剣に焼き網を見ておかないと、とんでもないことになる、ということを僕は何度か経験してきた。けれどもここは、なんと、網に素材をのせるだけ。自動的に串が回って焼いてくれる。楽しく飲んで、食べて、うっかりおしゃべりに夢中になっていたら黒焦げ……なんていうことはない。具材はアワビ、牛肉、エビ、豚肉、しいたけ（各＄7.99〜）、チキンウイング（＄3.99）など。これらが焼ける間に、香菜、キクラゲ、チリガーリックソースがかかったハウス・トウフ・サラダ（＄11.99）などをつまみながらまた楽しく飲む！　というなんとも気楽で楽しいところ。〆のラーメンは鶏ガラ風味のあっさりテイスト。ちょっぴりピリ辛なのもまた僕好み。

🅐567 Kapahulu Ave. Unit 1A🅟(808) 888-8680
🅑17:00 - 22:00🅒無休🅜P157 **08**

Rainbow Drive-In

レインボー ドライブイン ［プレートランチ］

生まれも育ちもハワイの僕としては、やっぱりどうしても食べたくなってしまうときがある。ローカルに愛されて50年以上。ご飯は2スクープ、サラダはマカロニサラダ、これでもかとかかったグレービーソースと2エッグのロコモコ・プレート（＄10.50）、ソーセージが2本入ったチリドッグ（＄9.95）、BBQビーフにマヒマヒ、ボンレスチキンまで豪快にのったミックスプレート（＄12.50）……。ここには絶対的な揺らぐことのないローカルテイストがあるのだ～。

Ⓐ3308 Kanaina Ave. Ⓟ(809) 737-0177 Ⓑ7:00 - 21:00 Ⓒ無休 ⓂP157 09

ローカルテイスト中の、ローカルテイスト！

Leonard's Bakery

レナーズ ベーカリー ［ベーカリー］

ローカルも観光客も、みんな大好きなここは、僕が小学生の頃、よく遊びに行っていた友人の家のすぐ近くにあった。友人のおじいちゃんは出かけると必ず帰りにマラサダ（＄1.70～）を買ってきてくれた。だから友人と僕は、おじいちゃんが出かけるとワクワクして帰りを待った。砂糖がまぶされたフワフワの食感は今も大好き。おやつの時間に、仕事先の方への差し入れにと買いに行くたび、ふとそんな子どもの頃を思い出す。何も入っていないオリジナルがシンプルで一番好きだけれど、最近はシナモンとリーヒンムイも好み。揚げたてのマラサダを待ちながら、フレンチトーストやサンドイッチ用にオリジナルのスイートブレッド（＄8.50）も購入。それから僕のおやつには分厚くて甘みもパワーアップしたバター・モチ（＄3.35）を追加、ペットの鳥ちゃんにはグァバ・マフィン（＄1.65）をちょっと分けてあげようと思う。

Ⓐ933 Kapahulu Ave. Ⓟ(808) 737-5591 Ⓑ5:30 - 19:00 Ⓒ無休 ⓂP157 10

実はここのスイートブレッドもオススメ

Cafe Kaila

カフェ カイラ ［カフェ］

家族と朝食をとるとき、たまに訪れるところ。パンケーキにキャラメリゼしたアップルや、ストロベリーなどのフルーツをたくさんのせたバターミルク・パンケーキ（＄11.50/＋ストロベリー、ブルーベリー各$4/＋バナナ、キャラメリゼ・アップル各$3）のスタイルが人気になり、一躍有名店になった。パンケーキもいいけれど、最近はフワフワ生地のワッフル派。しょっぱい系はポチギソーセージ入りのフリッタータ（＄14.95）をよくオーダーする。

Ⓐ2919 Kapi'olani Blvd. Ⓟ(808) 732-3330 Ⓑ7:00 - 15:30 Ⓒ無休 ⓂP157 11

リゴ スパニッシュ イタリアン レストラン ［イタリア料理、スペイン料理］
Rigo Spanish Italian Restaurant

ここは、イタリアンとスパニッシュをミックスしたレストラン。生ハム、パパイア、マスカルポーネ、マカダミアナッツとハチミツの盛り合わせや、クロスティーニ（＄9）、アサリやエビの旨みたっぷりのシーフードパエリア（＄32）などの、スペイン料理が好みの味わいだった。ボリュームはどちらかというと控えめ。いつもハワイで食べる量を想像していくと、ちょっと少なく感じるかも。でも、高い天井と抜け感、シンプルな内装がいい感じ。ワインも充実！

A 885 Kapahulu Ave. **P** (809) 735-9760
B 11:30 - 14:30、16:30 - 22:00 **C** Tue **M** P157 **12**

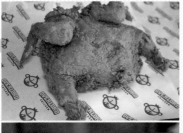

オーバーロード チキン ［フライドチキン］
Overlord Chicken

2022年にオープンしたお店。いくつものレストランで経験を積んだシェフが得意とするのは、外はカリッと、中はしっとりジューシーな1羽丸ごとのフライドチキン（＄15.99）。これが、想像以上に幸せな味わいだった。チキンポップコーン（＄3.99）と呼ばれるひと口サイズのフライドチキンはお酒のつまみにもなる感じで、食べ始めるとやめられない、止まらない。サンドイッチはバーベキュー・チキン（＄7.99）かフライにしたエビがギュッと詰まったもの（＄8.95）が僕のお気に入り。テイクアウトスタイルだけれど、店内で食べることも可能。しかも、夜中2時まで営業しているから、飲んでからここでまた、チキンを頬張りながら飲み直すのもあり。今のところお酒の持ち込みもOKだから気軽でありがたい！

A 726 Kapahulu Ave. **P** (808) 312-3616 **B** 10:00 - 2:00am
C 無休 **M** P157 **13**

オノヤ ラーメン ［ラーメン］
Onoya Ramen

「キワミラーメン」と「サノヤラーメン」がタッグを組んでスタートしたここは、少し前まで「白木屋」のキオスクで営業していた。それが、2021年春、カパフル通りにオープン！ 今は「サノヤラーメン」のスタッフだけが残る形で続いている。大きめのチャーシューが2枚ものっているトンコツ担々麺（＄15）はリッチな味わい。柚子塩ラーメン（＄14）は、スープに透明感がある。初めて食べたとき、どちらのスープにも別の深みがあることに驚いた。ハワイでこの味わいを出すのはすごい！ 以来、アーリーディナーのときやランチに行くようになった。あまり遅い時間に食べるとおいしくて食べすぎちゃうからね。

飲み干したくなるスープ

A 611 Kapahulu Ave. **P** (808) 425-4415 **B** 11:00 - 22:00
C 無休 **M** P157 **14**

オノ シーフード ［ポケ、プレートランチ］
Ono Seafood

太るからなるべくお米を食べないようにしているんだけど、たまにどうしてもポケ丼（MP）が食べたくなる。そういうときはガマンせずに食べる！ しかもここのご飯は香りのいいジャスミンライスだから普通のお米よりもヘルシー!? な気がしている。セレクトするのは、だいたい醤油アヒか、わさびアヒ、ちょっと甘めの味噌アヒ。サーモンがあるときはアヒとハーフ＆ハーフにしていたけれど最近見かけない。また復活するといいなぁ。

A 747 Kapahulu Ave. **P** (808) 732-4806 **B** 9:00 - 16:00 **C** Sun & Mon
MP 157　15

アンクル ボーズ ププ バー＆グリル ［ローカルフード、バー］
Uncle Bo's Pupu Bar & Grill

友人たちと飲むときにたまに行く、アジア系ローカル居酒屋。パスタやピザもあるけれど、よくオーダーするのは、ガーリック・チーズ・ブレッドに薄切りにしたプライムリブをのせて食べるボカ・ロタ（＄24.95）や、香菜とガーリックを加えたごまポン酢カクテルで食べる生牡蠣（＄18.95/4個）、S.O.S!!!（＄41.84）など。S.O.S!!!はトマトベースのシーフードシチューで、カニやアサリがたくさん入っているからだしがすごい！ それに加えて味わいもリッチなので、最近は独り占めしないでみんなでシェアして食べる。僕もだんだんオヤジになってきてリッチなものは少しで満足するようになってきたからね。

A 559 Kapahulu Ave. **P** (808) 735-8310 **B** 17:00 - 22:00 **C** 無休 **MP** 157　16

ファン ステーション ［中華麺］
Fun Station

2021年12月のオープンのときに、お店の名前を聞いたときはゲームステーション!?と思ったけれど、全然違った。ここは、チャイニーズスタイルのヌードル専門店で、広東地方とニュースタイル・チャイニーズをミックスした料理が楽しめるところ。シグニチャーのフライング・ヌードル（＄15.75）は、ジャージャー麺に似たきゅうりやひき肉などの具材がのったピリ辛麺。これがなぜだか写真のように麺が持ち上がったまま出てくる。木製のバケツのような器に入っているのは、ジューシーなスペアリブがのったクリスピー・スペアリブ・バケット・ライス（＄15.95）。黒酢の甘酸っぱさがスペアリブの濃厚な味わいとよく合う。エビ餃子はたいてい蒸しているものが多いけれど、グリルド・エビ・餃子（＄7.75）はその名の通り、焼き！ うん、確かに楽しい!!

A 2919 Kapi'olani Blvd. **P** (808) 773-7367 **B** 10:30 - 21:30
C 無休 **MP** 157　17

Kaka'ako カカアコ

Sean's Hawai'i Ultimate Dining Guide 366

スクラッチ キッチン ［ニューアメリカン、カフェ］
Scratch Kitchen

アーティスティックなメニューが気に入って、ダウンタウンにお店があった頃からよく行っていたところ。移転してシェフが変わったまではよかったけれど、今度はオーナーも変わった。どうなるんだろうと思っていたら、ダウンタウンの頃のシェフが戻ってきてまた同じあの味が楽しめることになった。やったー！ 看板メニューのミルクとシリアルパンケーキ（＄15）にはフルーツフレーバーのシリアルがたっぷり。ルイジアナ地方に移民したフランス人やスペイン人の血を受け継ぐ人々が生み出したクリオール料理のひとつ、クレール・シュリンプ（＄23）が食べられるのもここを訪れたくなる理由。

Ⓐ1170 Auahi St. #175Ⓟ(808) 589-1669Ⓑ9:00 - 21:00 (Mon-Wed)、9:00 - 22:00 (Thu & Fri)、8:00 - 22:00 (Sat)、8:00 - 21:00 (Sun) Ⓒ無休ⓂP156 01

ナルー ヘルス バー＆カフェ ［カフェ］
Nalu Health Bar & Cafe

今日はヘルシーdayにしよう！と思うと、ここが頭に浮かぶ。まずは、オレンジ、パイナップル、アップルなどのフレッシュなミックスジュース、ビタミンSea(C)（＄9.50）をオーダー。CとSeaをかけているオヤジギャグみたいなセンスが最高。おじさんの僕にはグッとささっちゃった。続いてアサイボウルを頼んでヘルシーを貫き通そうとしたけれど、メニューを見た瞬間、うっかりローストビーフ・サンドイッチ（＄12.25）をオーダーしてしまう意思の弱い僕。せめてアヒ・ツナ・サンドイッチ（＄13.75）かターキー・ケールペースト・サンドイッチ（＄11.15）にしておけばよかったけど、食べたい気持ちを抑えきれず。僕はいつもこういうことになりがち。だからいつもダイエットは明日からじゃなくて明後日からになっちゃうんだ。

Ⓐ1170 Auahi St .#145Ⓟ(808) 597-8871Ⓑ9:00 - 18:00Ⓒ無休ⓂP156 02

- 66 -　- Sean's Hawai'i Ultimate Dining Guide 366 -

/Ward
ワード

@sushi
アット スシ ［寿司］

僕はお寿司が大好き！「マルスシ（P39）」で働いていたシェフが独立し、「オハナ・ハレ・マーケット・プレイス」でカウンターのみの屋台のようなお店をスタートしたのは数年前のこと。あっという間においしい噂は広がり、すぐに予約が取りにくくなった。それから少しして、今度は「レストラン・ロウ」に自分のお店をオープン。ようやく行きやすくなるかなと思いきや、またまた大人気！ 自家製柚子胡椒やハラペーニョなどを魚に合わせてにぎるこまやかな仕事は、いつでもどこでも変わらず。今はランチのおまかせコース（$150）のみの営業だけれど、早く夜も営業するようになるといいなぁと首を長くして待っている。コースの魚は日本からの空輸に加え、ハワイのマグロや近海の魚も扱っている。先日は、ローカル・アヒのにぎりやコナのカンパチに柚子胡椒を合わせたもの、ノドグロ炙りなど、夢のようなお寿司をいただいた。思い出すだけでまたすぐ行きたくなっちゃうなぁ。

A 500 Ala Moana Blvd. #2
P (808) 358-4593 **B** 11:30 - 16:00
C Sun & Mon **M** P156 **03**

Bar Maze
バー マゼ ［バー＆レストラン］

2021年3月、さまざまな賞を受賞してきたバーテンダー、ジャスティ・パークさんが自身のお店をオープンした。ダウンタウンのバー「レザー・エプロン」でもその腕のすごさを見せつけてきた彼の新たなスタートは、バーだけれど、なんとコース料理も楽しめるお店。カリフォルニアのモントレーから来たシェフ、キー・チュングさんが作るコース料理は、シーズンで変わるフレンチベースのアジアを盛り込んだスタイル。韓国味噌をワインで煮詰めたソースとさっと炙った宮崎牛を合わせたものや、白だしバターソースを合わせた貝柱など。5品コースのおまかせは、$175〜。カウンターに座ってキッチンを眺めながら、ペアリングしたカクテルとともにスペシャルな料理が楽しめる。また、プラス$80（2名で）でキャビアがプラスできるのも僕的にはうれしい！ 予約はすべてオンラインで。カウンターは8席。ちょっと寿司バーっぽい店内は、スカンジナビアを思わせるようでもあり、日本の上品な和食店のようでもある。

A 604 Ala Moana Blvd. **P** なし **B** 17:30 - 22:30 (seatings at 17:30、18:00、20:00、20:30) **C** Mon & Tue **M** P156 **04**

ジオベディ ［イタリアンフュージョン］
Giovedi

「ストリップステーキ・ワイキキ（P10）」で働いていた仲良し３人が2023年の初めにオープンしたお店。３人のうち２人は夫婦で（さらに内２人はシェフ）、ニューヨークに住んでいた頃、毎週木曜日の夜に友人たちを招いてホームパーティーをしていたのだそう。お店の名前はそのときの"木曜日＝Giovedi"からつけられたもの。前菜、パスタ、メイン、デザートの４品コースで＄95。料理は、イタリアンをベースにアジアンテイストを加えたフュージョンで、驚きとともに口福をくれる味わい。先日は、アヒには焦がしたナスのピュレ、メカジキには食べるラー油のようなカラブリアン・チリをのせた前菜や、ラップチョン・ソーセージを使った、アマトリチャーナをちょっともじった"ベトナムリチャーナ"なんていうシャレのきいた料理をいただいた。「レストラン・ロウ」辺りは最近続々とニューオープンが続いていて楽しいな！

🅐 500 Ala Moana Blvd.#2nd floor 🅟 (808) 723-9049 🅑 17:00 - 20:30
🅒 Mon-Thu 🅜 P156 **05**

ブカ ディ ベッポ ［アメリカ系イタリア料理］
Buca di Beppo

店名はイタリア語で"ジョーの地下"という意味。ここへは、ワードに映画を観に行くときにちょっと何か食べに寄ることが多い。映画を観る前に食べすぎると寝ちゃうので注意（僕だけかもしれないけれど）。つまみはフライド・モッツァレラ（＄24）とフレッシュトマトのさっぱり系ブルスケッタ（＄25）。ブルスケッタがマティーニグラスに入ってやってくるのがお茶目でいい。ピザ生地はやや厚め。僕はいつもマルゲリータ（＄24/S）をオーダー。シュリンプ・フラ・ディアボロ（＄41/S）はアメリカンテイストなパスタ。味わいも濃いめでリッチ。あれ!?　全然"ちょっと何か"じゃないね!?

🅐 1030 Auahi St. Bay1 🅟 (808) 591-0800 🅑 11:00 - 21:30（Sun-Wed）、11:00 - 22:00（Thu）、11:00 - 23:00（Fri & Sat）🅒 無休 🅜 P156 **06**

ハイウェイ イン ［ハワイ料理］
Highway Inn

スモークド・ポークを食べたくなったらここへ直行！　1947年から続く老舗のハワイアンフードの味わいは僕にとっては懐かしいものばかり。僕の定番はスモーキーなテイストのスモークド・ポークにトマトクリームソースがかかって目玉焼きがのったスモークド・モコ（＄17.95）。ハンバーガーパテの代わりにラウラウとロミサーモン、グレービーソースの代わりにビーフシチューがかかった裏メニューのハワイアン・モコ（＄19.95）は、僕のもうひとつのお気に入り。正統派ハワイアンフードが食べたい場合は、ラウラウ、ロミサーモン、ハウピア、ポイ、スイートポテトがセットになったポーク・ラウラウ・コンボ（＄21.95）を。

🅐 680 Ala Moana Blvd. #105 🅟 (808) 954-4955 🅑 10:00 - 15:00（Sun）、10:00 - 20:00（Mon-Sat）🅒 無休 🅜 P156 **07**

老舗ハワイアンフードの深い旨みと味わい

ミリオン レストラン@カピオラニ ［焼肉］

Million Restaurant @ Kapiolani

その昔、「フラミンゴ・レストラン」というダイナーがあったところに、2022年の春、僕が大好きだった焼肉屋さん「ポドナムチプ」の流れを汲むお店がオープンした。僕ら夫婦が大好きな、鶏の首の骨肉からとった濃厚な白いスープにトッポギとマンドゥも入ったドゥック・マンドゥ・グク（$21.95）がまた食べられる！　醤油ダレでマリネードしたショートリブ（$39.95）や、辛いシチューのようなスープにご飯を入れて食べる、スパイシー・カルビチム（$39.95）は必ずオーダーするもの。お腹いっぱいだけれど、上品な味わいの冷麺は別腹。なので、それで〆る。

Ⓐ871 Kapi'olani Blvd. Ⓟ(808) 200-4385 Ⓑ11:00 - 22:00 Ⓒ無休 ⓂP156 08

アーティゼン バイ エムダブリュー ［ハワイ リージョナル キュイジーヌ］

Artizen by MW

ハワイ州立美術館内にあった、人気レストラン「MW」のカジュアルレストランが移転。目印はラグジュアリーな車屋さん。そこの1階がここで、2階は「MWレストラン（P75）」になっている。お値段はうれしいことにお手頃なままで、MWのシグニチャーメニューでもあるモチ・クラステッド・カンパチが、今はシーズンによって違った魚で楽しめる（$20）。チキンにぶぶあられをまぶして揚げ、サンドイッチにしたブブアラレ・ガーリック・チキン・サンドイッチ（$16）とシーザー・サラダ（$12）は、僕のテイクアウトの定番メニュー。レタスの上にピピカウラ（干し肉）とロミトマトがのり、アンチョビドレッシングをかけて食べるシーザーサラダはヘルシーかどうかは謎だけれど、野菜をモリモリ食べたいときにはうってつけ。ドレッシングの飽きない味わいもいいのだ。最近ハマっているのは、ワンタンチップをクリーミーなディップにつけて食べるスピナッチ＆マッシュルーム・ディップ（$9）。この島No.1のパティシェによるデザートは、どれもおいしくて毎回迷うけれど、MWバローナ・バターミルク・チョコレートケーキ（$6）が僕的にオーダー率高し。

A 888 Kapi'olani Blvd. Commercial Unit#102 **P** (808) 524-0499 **B** 10:30 - 19:00 **C** Sun **M** P156 **09**

シェフ チャイ ［エスニック料理］

Chef Chai

タイ料理をベースにヨーロッパのテイストを取り入れたエスニック料理は、僕を毎回唸らせる。一度バラしてから組み直したフィレミニヨンを口に入れると、ビーフウェリントン風になるという魅惑の一品は、グリルド・フィレ・ミニヨン・ウィズ・マッシュド・ポテト・マッシュルーム・パフ＆メルロット・デミ（$65）という長いメニュー名に値する味わい。ほかにもバターとワインの香りがリッチなエスカルゴとエビのソテー、チリ・ガーリック・クリームがけ（$25）や、タイスタイルの高級なオックステール・スープ（$44）、サクサクの衣と中のふんわりした身の食感をチリ・ジンジャー・ソースとともに味わう、クリスピー・ホールフィッシュ（$65）など、エスニック料理におさまりきらない味と素材の組み合わせの妙が堪能できる料理が盛りだくさん。初めてここを訪れるなら、シェフオススメのアペタイザー（$58/2人前）はいろいろな味わいが楽しめるので、まずはこちらをオーダーするといいですよ。

A 1009 Kapi'olani Blvd. **P** (808) 585-0011 **B** 16:00 - 22:00 **C** Mon & Tue **M** P156 **10**

ハンクス ホート ドッグス ［ホットドッグ専門店］
Hank's Haute Dogs

シカゴで「トリオ」という人気レストランを営むシェフによるホットドッグ専門店。僕はホットドッグが大好き。いつでもホットドッグを食べていたい。そんな僕の定番は、ピクルス、トマト、マスタード、ウィーンのオールビーフソーセージが入ったシカゴドッグ（＄8.95）で、ケチャップをつけないスタイルのもの。チョリソが入ったメキシコ系（＄8.25）やスパイシー・ポークソーセージ入りのケイジャン（＄9.50）、ブラウンマスタードとグリルしたオニオンのポーランド系（＄8.75）もいい。サイドにはトリュフチーズ（＄7.75）がかかったフレンチフライも必ずオーダー！

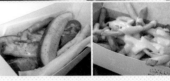

Ⓐ324 Coral St.**Ⓟ**(808) 532-4265**Ⓑ**11:00 - 18:00 (Sun)、11:00 - 16:00 (Mon-Thu)、11:00 - 19:00 (Fri & Sat) **Ⓒ**無休**Ⓜ**P156 **11**

リンカ ［和食］
Rinka

ランチタイムは定食屋的、ディナータイムは居酒屋的な感じのここは、ランチをしながらミーティングのときにも、友人たちと飲みながら集うときにもいいところ。僕がよく注文するのはビーフすき焼き（＄23.75）。それから、ホームメイド・スノー・クラブ・クリームクロケット（＄13.75）。つまり、カニクリームコロッケ（ただし、日本のものと比べるとかなり大きめ）。納豆は苦手だけれど、なぜかこれだけは食べられるデラックス納豆ロール（$10.50）など。フィッシュケーキ天ぷらに明太子マヨネーズ添え（＄8.75）なんていうローカルチックなメニューもあり。

Ⓐ1001 Queen St. #105**Ⓟ**(808) 773-8235**Ⓑ**11:00 - 15:00, 17:00 - 22:00**Ⓒ**無休
ⓂP156 **12**

カフェ ダック バット ［韓国居酒屋］
Cafe Duck Butt

飲みすぎても韓国料理を食べると、また元気になって飲み直しできるから不思議。ローカルの友達と軽く飲もうとなるとよく行くこの韓国居酒屋では、皮がパリパリのフェイマス・ダック・バット・チキン（＄18）や、チヂミ（＄17）をつまみながら、夏限定のスイカソジュ（＄30）を飲む。このスイカソジュがジュースみたいでおいしくてドンドン飲めちゃう！　だからいつもみんな軽く飲むじゃすまなくなっちゃうんだよ。でも、みんなそんなに酔っ払わないのは、韓国料理のスパイシーさのおかげ!?　あ、トッポギ（＄20）もおいしいから忘れずに食べてほしい！

Ⓐ901 Kawaiaha'o St.**Ⓟ**(808) 593-1880
Ⓑ17:00 - 1:30am**Ⓒ**無休**Ⓜ**P156 **13**

> 夏限定のスイカソジュは
> 見た目も味もキュート！

ハン ノ ダイドコロ ［焼肉］

Han No Daidokoro

僕は東京・阿佐ヶ谷で人気の高級焼肉店「SATOブリアン」が大好き！　お通しのビーフシチューや焼肉とウニがWでのったミニ丼など夢のような料理に毎回感動してきた。それがなんと2021年の初め、ハワイにも同系列の焼肉店がオープンということで大喜び。宮崎ビーフコース（＄150）は、ザブトン、ハラミなどさまざまな部位を塩、タレで楽しめる。和牛ということでしっかりサシが入ったリッチな肉が続々。宮崎ビーフ＆和州ビーフコース（＄120）は、日本のリッチな牛肉とアメリカが日本の和牛の製法で育てている和州牛のミックスコース。僕的にはこれくらいのバランスがちょうど

よかった。あとは和州ビーフのみのコース（＄85）の3種。コースには焼肉、すき焼き、肉寿司などが含まれているので、まずはコースをいただいてから足りなければ単品でオーダーするようにしている。あ、ユッケはコース外だから、お好きな方は最初からこれは単品でオーダーしてね。とにかくリッチな味わいの夢の焼肉コースなので、セレブレーションなときにぜひ！

🅐1108 Auahi St. #150🅟(808) 517-3229
🅑11:30 - 15:00, 17:00 - 22:00🅒無休🇲P156 **14**

La Cucina Ristorante Italiano

ラ クチーナ リストランテ　イタリアーノ　［イタリア料理］

「メディテラネオ・ワイキキ（P26）」で働いていたシェフがオープンしたお店。ロブスターをイカ墨とサフランクリームソースで食べる自家製イカ墨ラビオリ（＄26）や、裏メニューのエビとイタリアンソーセージのフェットチーネ（＄22）などが僕のお気に入り。ほかにもブッラータチーズ（＄18）、葉物のサラダ（＄8）、芽キャベツのブラウンバター炒め（＄16）、ポルチーニのクロスティーニ（＄13）、プッタネスカ（＄19）など、シンプルだけど飽きることのない味わいのメニューがいろいろ。ただし、ここに行くのは時間に余裕のあるとき。キッチンがミニマムなので、すぐに料理が出てこないのです（笑）。それでもどうしても彼の料理を食べたくて、のんびりできる夜は、ゆっくりおしゃべりもワインも楽しみつつのディナーを目指してここへ足が向く僕なのでした〜。

Ⓐ725 Kapi'olani Blvd.Ⓟ(808) 593-2626Ⓑ17:30 - 20:30 (L.O.)ⒸSun & MonⓂP156 15

Panya Bistro

パンヤ ビストロ　［ベーカリーレストラン］

パンもパスタもサンドイッチも食べられる、ちょっと香港のカフェを思わせるような、マルチなレストラン。必ず食べるのはエビベースのスープにココナッツミルクとチリを加えてフィッシュボールと麺を加えたラクサ（＄24）というスープ麺（これがシンガポールで食べたのにとっても近い味わいだった！）。ちょっと甘めのトマト・ミートソース・スパゲッティ（＄24）や、ピリ辛ソースをかけて食べるスパイシーワンタン（＄12）、それからやや甘めのドレッシングとステーキのバランスがいい、タイ・スタイル・ステーキ・サラダ（＄25）もよくオーダーするもの。レモングラスの香りがいいスパイシー・タイ・バジル・チキンは、スープ麺（＄22）かライス（＄25）の両方があって、甲乙つけがたいので、その日の気分でどちらにするか決めている。

Ⓐ1288 Ala Moana Blvd. #116Ⓟ(808) 946-6388 Ⓑ10:30 - 20:30ⒸMonⓂP156 16

Holey Grail Donuts

ホーリー グレイル ドーナッツ　［ドーナッツ］

カウアイ島ハナレイで2018年に、翌年にはオアフ島にもオープンしたドーナッツショップ。タロイモを使い、ココナッツオイルで揚げるヘルシーなドーナッツは、外はサクサク、中はケーキのようにフワフワ。ちょうどケーキドーナッツとイーストドーナッツの間のような味わいに僕はすぐ夢中になった。なかでも一番のお気に入りは、ハチミツとシーソルトのホットシングル（＄4）。シンプルな甘じょっぱい味わいは、いくらでも食べられる飽きないおいしさ！　4個入りで毎回中身が変わるテイスティングボックス（＄15）を手土産にすることも。今日は、メイヤー・レモンとシトラス・キャビア、チョコレート・クランチ、イチゴグレイズと抹茶がかかったストロベリーフィールドなど、見た目がかわいらしいラインナップだった。ドリンクもカシューナッツやココナッツミルクなどをベースにしたものが多く、今の気分にピッタリの地球フレンドリーなお店。おやつを食べたいけれど、ヘルシーでいたい。そんなとき僕は、真っ先にここへ向かう。

Ⓐ1001 Queen St.#101 Ⓟ(808) 482-0311Ⓑ7:00 - 19:00 (Sun-Thu)、7:00 - 21:00 (Fri & Sat)Ⓒ無休 ⓂP156 17

Redfish Poke Bar by Foodland

レッドフィッシュ ポケ バー バイ フードランド ［ポケ、カジュアルダイニング］

ローカルから絶大な支持を得ている「フードランド」のポケコーナーを担当していたシェフによる、発想豊かなポケメニューが満載のレストラン＆デリショップ。一見、テイクアウトのみなのかなと思いきや、奥にはバーカウンターやゆったりしたシートが。僕のオススメは、醤油アヒ・ポケ、カルアポーク、ピピカウラ（干し肉）、ロミサーモンなどのハワイアンフードを盛り合わせたポケボウル、カナック・アタック・ボウル（＄19）。"カナック"とはハワイ語でハワイアンのこと。"カナック・アタック"は食べすぎた後、眠気に襲われること。なので、このポケボウルは、その2つの意味を兼ねたネーミングになっているというわけ。ポケ以外にも、お好み焼き風に味付けしたフライドポテト（＄13）など、これまでハワイがたくさんの移民とともに培ってきた、この土地ならではの食が味わえる。もちろん、ポケステーションからのテイクアウト（ex. ハワイアンスタイル・アヒ・ポケ＄23／パウンド）も！

テイクアウトも、レストラン利用もOK！

A 685 Auahi St. **P** (808) 532-6420 **B** 11:00 - 22:00(Mon - Thu)、11:00 - 23:00 (Fri & Sat)、11:00 - 21:00(Sun) **C** 無休 **M** P156 **18**

Off the Wall Craft Beer & Wine

オフ ザ ウォール クラフト ビール＆ワイン ［クラフトビール、カジュアルレストラン］

YUMMY!!

クラフトビール流行の昨今。ついに自ら注ぎ入れるスタイルのクラフトビールとつまみの店がオープンか！と思ったのは数年前。もうすっかり定着した感じ。ビーフとじゃがいもが入った揚げ餃子のようなビーフ・エンパナダス（＄15）や、マリネードしたニューヨークステーキをローストガーリックと香菜の香りがいいチミチュリソースで食べるステーク・ボカディージョ（＄25）など、ブラジル人オーナーが提案する料理はビールによく合う南米の風味漂うものが多い。それに15種以上もあるビールを合わせるのは楽しいひととき。お酒も料理もグイグイすすんじゃう。

A 1170 Auahi St. #140 **P** (808) 593-2337 **B** 10:00 - 21:00 (Sun)、11:00 - 22:00 (Mon-Wed)、11:00 - 23:00 (Thu)、11:00 - 24:00 (Fri & Sat) **C** 無休 **M** P156 **19**

Asahi Grill

アサヒ グリル ［ローカルフード］

その昔、カムボウリング場にあったローカルフードレストランのレシピを使用したここは、ママと僕が、ママが仕事に行くまでの短い時間を過ごす場所でもあったところ。レストランの受付の仕事をしていたママは、学校まで僕を迎えに来て、仕事前に僕におやつを食べさせながら、学校での出来事を聞いてくれた。そんなおやつタイムに選んでいたのはオックステール・スープ（＄21.95／レギュラー）。マカロニサラダ（＄2）にオックステール・スープに使うおろししょうがをのせ、醤油をかけて食べるのは大人になってからの僕の流行り。そして大人になった僕はキムチラーメン（＄9.95）や、火曜日のスペシャルメニューのトライプシチュー（＄13.95）もよくオーダーする。やっぱりローカルフードは、僕にとってはどこかしらホッとする味わいなんだよなぁ。

A 515 Ward Ave. **P** (808) 593-2800 **B** 7:30 - 20:00 (Sun-Thu)、7:30 - 21:00 (Fri & Sat) **C** 無休 **M** P156 **20**

MW Restaurant

エム ダブリュー レストラン ［ハワイ リージョナル キュイジーヌ］

アラモアナエリアから、ワードとカピオラニの交差点にある大きなビルの2階にお引っ越し。ここのレストランのステーキは、アメリカンビーフの中でも僕が一番好きなブランドビーフを使用したブラント・ブランド・ビーフ・プライム・グレード・リブアイ（$79）。上にトロッとしたクリーミーなマッシュルームのシチューがかかっていることもあれば、もろみ味噌を添えたりと、いろいろ趣向を凝らした味わいが楽しめる。もちろん肉のおいしさはいうまでもない。さらに付け合わせにはグリルした野菜とポテトグラタンも付いてくるのでボリュームも十分。これは、僕がハワイで一番好きなステーキ！ 裏メニューのプライムリブ（MP）は4人以上で予約の際にお願いしておくこと。ベストは72時間前。名物のモチ・クラステッド・ハワイアン・カンパ

チ（$45）も、もちろん健在。ププにはピリ辛のマグロとワカモレがひと皿になったアヒ・ナチョス（$26）を。そして、ここのもうひとつのスペシャリテ、スイーツでしめくくり。何を食べても最高なんだけれど、やっぱりイチゴそのものを凍らせて削ったストロベリー・ハイビスカス・ショートケーキ・シェイブアイス（$15）がNo.1。イチゴとハイビスカスのかき氷の下にはココナッツのタピオカ、それにショートケーキが盛り込まれているというドリーミングなシェイブアイス。これは一度食べたらやみつきになること間違いなしです。

Ⓐ888 Kapi'olani Blvd. Commercial Unit #201
Ⓟ(808) 955-6505 Ⓑ [Lunch (take out only)] 11:00 - 14:00 (Tue-Fri)、 [Dinner] 17:00 - 21:00(Mon-Sat)
ⒸSun ⓂP156 21

ハワイで一番好きなステーキとプライムリブ、ここにあり

Hook'd Pan Roast

ここは、ラスベガス好きのハワイの若いローカルたちがラスベガスのホテル「パレスステーション」内にあるレストラン「オイスターバー」の名メニュー"パンロースト"にインスパイアされて2021年にオープンしたところ。店名になっている"パンロースト"とは、エビ、カニ、アサリ、ホタテなどが入ったトマトベースのスパイシーなシチューのようなもので、イタリアのチオピーノとフランスのブイヤベースを合体したようなルイジアナで生まれたソウルフード。それがこのレストランのシグニチャー、ワイルドワンズ・パンロースト・コンボ（＄71.50）。シーフードに限らず、ポチギソーセージ、チャイニーズ粗挽きソーセージも入っているのがローカルっぽくていい感じ。ラスベガスでも、ニューオリンズでもない、ちゃんとハワイアンスタイルに落とし込んでいるところはさすが！と思った。トロッとしているのでパンと合わせて食べるにもちょうどいい。ほかにも、ホームパーティーでいつも誰かが作ってくれる、かまぼこをペースト状にしてマヨネーズと混ぜたカマボコ・ディップ（＄13）といったメニューも。グループで行って、おつまみをシェアしながら食べるのが楽しいよ。

Ⓐ1035 Kapi'olani Blvd.Ⓟ(808) 698-7677
Ⓑ14:00 - 22:00 （Sun）、17:00 - 22:00 （Tue-Sat）ⒸMonⓂP156 **22**

Tango Contemporary Cafe

長年、ローカルにも観光客にも愛されてきたスウェーデンスタイルのメニューが充実しているレストラン。現在は、「マリポサ（P39）」にいたシェフが引き継ぎ、以前のメニューと、自らの料理もプラスアルファしたスタイルで展開中。ハマクアマッシュルーム・リゾット（＄20/ランチ）やフルーツ入りのミューズリー（＄13）、とろけるオランデーズソースのクラブハウス・ベネディクト（＄18）、ふんわり、しっとり感がたまらないスウェーディッシュ・パンケーキ（＄14）は今も健在。新たに僕が感激したのは、エスカルゴとマッシュルームをソテーしてデミグラスとともにパンにのせたソテード・エスカルゴ（＄14）。これもぜひ食べてもらいたい！

Ⓐ1288 Ala Moana Blvd. #120Ⓟ(808) 593-7288Ⓑ8:00 - 14:00 （Sun）、7:00 - 10:00,11:00 - 15:00, 17:00 - 21:00 （Mon, Wed-Fri）、7:00 - 10:00, 11:00 - 15:00, 17:00 - 20:00 （Tue）、8:00 - 14:00,17:00 - 21:00 （Sat）Ⓒ無休ⓂP156 **23**

1日1組限定の隠れ家的居酒屋

マニワ イザカヤ　[居酒屋、焼肉]
Maniwa Izakaya

昼間は「アップ・ロール・カフェ・ホノルル(P78)」として営業。夜だけ焼肉居酒屋に変身！　1日1組限定、4〜10人のグループのみで予約可。カフェの外のパラソルの下で、カセットコンロでジュージューと肉を焼き、ププをつまみながら飲んで、食べる隠れ家的レストラン。ププはコールド・豆腐($8)やパリパリ・サーモン・スキン($8)、溶かしたブルーチーズにエビをからめたシュリンプ・ブルーチーズ($8)、明太子入りだし巻き卵($11)、ユッケ($18)など。厚切りの牛タン($18)、めちゃジューシーな豚トロ($14)、プレミアム・ボンレスカルビ($18)など肉の種類も質も充実。混み合っているので、予約は数カ月前からチェックすることをオススメします。

🅰665 Halekauwila St. c101　🅿なし　🅑18:00 - 22:00　🅒Sun　Ⓜ P156　**24**　＊予約はインスタグラムのmaniwa_izakayaへメッセージを。

昼も夜も、ブランチも！全部行ってほしい、味わってほしい

イスタンブール ハワイ　[トルコ料理]
Istanbul Hawaii

アーティストを目指してトルコからハワイにやってきた女性が故郷を思い、作る料理が評判になり、ファーマーズマーケットに出店ののち、自分のお店をオープン。なんと家族を呼んで、今はご両親と3人で仲良く切り盛りしている。ここのラムは、苦手な人でも絶対に好きになる魅惑の味わい。特にラム・テンダーロイン・シシ($38)はしっとりとした食感も香りもいい。リブアイをオーダーした友人がラムのほうがいい！と言ったくらい。まずはメゼ・プラッター($35)と呼ばれる、フムスやババガヌーシュ、スイカにフェタチーズとバルサミコ酢をかけたサラダ、ペニエール＆カールブース＆チーレックなどが盛り合わせてある前菜からスタート。それからラムチョップ(フィゾーラ)($49)や、100日間エイジングしたアメリカ産のプライム・リブアイ・ステーキ($12/オンス)などのメインを食べるのが僕のお決まりのコース。ブラウンバターがかかったステーキに、添えられたサフラン・バスマティライスを合わせて食べる至福の時間は何にも変えがたい。お腹がいっぱいなんだけれど、食べたい欲のほうが勝ってしまうくらい、次は何⁉とワクワクが止まらない料理が次々出てくるのだ。土日のブランチには、トルコのセモリナ粉を使ったもっちりとしたカダフィ・パンケーキ($20)にデーツのシロップをかけて食べるスペシャルメニューも登場。と、ここまで熱く説明しておいて何だけど、人気すぎて予約が取りにくい！　なので、予定はお早めにね。

🅰1108 Auahi St.#152　🅿(808) 772-4440　🅑11:00 - 14:30,17:00 - 21:30　🅒Mon＆Tue　Ⓜ P156　**25**

アップ ロール カフェ ホノルル ［カフェ］
Up Roll Café Honolulu

元ミスハワイの友人はヘルシー志向。僕も見習わなくちゃ！ってことで教えてもらったお店。以来、ヘルシーな気分になりたいときはここへ足が向く。ラップロールとは、太巻よりも巨大な寿司ブリトーのこと。一時期、寿司とブリトーを合体した寿司リトーというものがあったって、そのこと。僕の好みはアヒ・ラバー・アボカド（＄14）とクリームチーズが添えてあるウマミ・サーモン（＄13.50）。好みの素材を合わせてカスタムロールもできる。最近はラップロールに加えて丼も登場。まずはチキン、エビ、アヒなどの素材とにんじんやアボカドなどのトッピング、ドレッシングを選び、ラップロールにするか、丼にするかを選ぶ。ドレッシングは味噌ごまマヨ、旨み醤油、スパイシーマヨ、オニオンなどの9種類。この間は、友人の気象予報士がコーディネートした"ガイハギ"（＄13）バージョンという丼をオーダーしてみた。ソテーしたエビをコチュジャンとごま油で和えたものに、にんじん、枝豆、コーンなどをトッピング。彩りも味わいも、これがなかなかにいいセンス！　参りました！

Ⓐ665 Halekauwila St. c101Ⓟ(808) 743-3476
Ⓑ10:00 - 19:00（Mon-Fri）、10:00 - 16:00（Sat & Sun）Ⓒ無休ⓂP156 　26

ハマダ ジェネラル ストア ［プレートランチ］
Hamada General Store

「ホーム・バー＆グリル」のオーナーがローカルテイストのプレートランチ店をオープン。ジューシーなパテの和風ハンバーガーステーキ（＄16）や天つゆのようなだし糸のつゆにディップして食べるフィッシュ・チップス＆ディップ・サンドイッチ（＄16）など、定番メニューにひと工夫ある、アップグレードしたプレートランチが楽しめる。僕の大好物、ネギトロ・ポケボウル（MP）がたまに登場するスペシャルメニューになってしまったのは悲しい。また復活してほしいなぁ～。

Ⓐ885 Queen St. unit cⓅ(808) 379-1992Ⓑ9:00 - 14:00ⒸSunⓂP156 　27

アイランド ソーセージ ［ソーセージ専門店］
Island Sausage

シェフ、テレンス・エノモトさんに初めて出会ったのは、「MWレストラン（P75）」で餃子を担当されていたとき。僕はその餃子が大好きだったので辞めると聞いたときはショックだった。その後、彼は「ブッチャーズ＆バード」という肉屋さんで修業し、ファーマーズマーケットやフードトラックのイベントなどで、ソーセージをメインに出店するようになった。そしてようやく2022年の春、「レストラン・ロウ」に自身のお店をオープンした。お店は餃子屋さんではなく、ソーセージ専門店。ハワイ産の豚肉を使用したチョリソ（＄14）や、ソーセージに自家製サルサとレッドホットパウダー、コテハチーズをかけてメキシコのストリートフード"エロテ"風にしたものなど、バラエティに富んだソーセージがホットドッグスタイルで楽しめる。チャーシュー・ソーセージ、チキン・ソーセージ、コチュジャンとキムチやナムルとともにサンドされるスパイシー・コリアン・ソーセージ（＄14）など、一風変わった味わいのものもいろいろ。ホットドッグにはすべて好みのフレンチフライがつけられるので、僕はいつもお好み焼きフレンチフライ（紅しょうが付き）をセレクト。この味の発想、素材の組み合わせが何ともユニークで楽しい！

Ⓐ500 Ala Moana Blvd. #6FⓅ(808) 888-0509Ⓑ11:00 - 18:00ⒸSat & SunⓂP156 　28

Ya-Ya's Chophouse & Seafood

ヤヤズ チョップハウス＆シーフード　［ステーキ＆シーフード］

僕と事務所をシェアしていた友人が
PRを担当するここは、3年ほど前にオー
プンした「アンクル・ボーズ・プブ・
バー＆グリル（P65）」のステーキハウ
ス。ものすごく大きなプライム・ボー
ン・プライム・リブ（＄89.95）は肉の旨
みを生かした塩加減とジューシーさが
いい！　ボリュームたっぷりなので2
人でシェアするくらいでちょうどいい
かも。うちの奥さんはプライム・リブ好
きだけど、僕はフィレが好き。なので、
欲張ってペッパーコーン・ソースと相
性バッチリのプチ・フィレ・ミニヨン
（＄58.95）もオーダーというのがだい
たいのパターン。もう1人いるときは、
ロブスター・パン・ロースト（＄85.95）
もオーダーしてシーフードも堪能す
る。タイ人のシェフが作るユニークな
食材の組み合わせと織りなす味わい
はいつも刺激的。これからも楽しみ！

Ⓐ508 Keawe St.Ⓟ(808) 725-4187Ⓑ17:00 - 20:30Ⓒ無休ⓂP156　29

> やわらかすぎ＆ジューシーすぎて
> ごめんなさい

Sunset Texas Barbecue

サンセット テキサス バーベキュー　［アメリカ料理、プレートランチ］

肉に塩、こしょうをしっかりふって14〜18時間ほどス
モークするテキサスバーベキューの名店が、ワヒアワ
からカカアコにお引っ越し。テキサスに住んでいた韓
国人が切り盛りする本格派なここは、ソースは付けず
にホロリとくずれるくらいにやわらかくなった肉の旨
みを堪能するスタイル。プレートでオーダーするほう
がリーズナブルにいろいろ楽しめるので、ブリスケッ
ト・プレート（＄22）かプルド・ポーク・プレート（＄
18.50）をチョイスすることが多い。サイドにはポテト
サラダかコールスロー。大勢集まるときは、ビーフ・リ
ブ（＄38）をポンドで。大人気ゆえ、オープン直後に売
り切れの日もあるくらい。早めに行くことをオススメ
します。

Ⓐ443 Cooke St.Ⓟ(808) 476-1405Ⓑ11:00 - 15:00（売り切れ
次第終了）ⒸSun-TueⓂP156　30

Diamond

ダイヤモンドヘッド

ボガーツ カフェ ［カフェ］
Bogart's Cafe

アサイボウルがブームになった
のは何年前だろう？　もうずい
ぶん前のことだけれど、そのとき
フードライターの友人たちがこ
ぞってここのアサイボウル（＄14.
50）をオススメしていたので、食
べに行ってみたのがきっかけ。ほ
んと、みんなの言う通り！　てこ
とで、それらから僕も朝ごはんや
ブランチを楽しみに行くように
なった。お腹がペコペコなとき
はママズ・フライド・ライス（＄15.
53）を頬張る。ゆったりランチで
きるときは、大好きなパスタ、カ
ーチョ・エ・ペペ（＄21.74）を。毎
年イタリアのドロミテ地方から
大量に買い付けてくるチーズだ
からこそその深いコクと旨みは一
度食べたら忘れられない。それと
ロブスターサンドイッチ（＄31.
05）。これはロブスター好きの僕
としてははずせない！　ロブス
ターがほぼ1尾分入っている
だろうというボリュームだから、
このお値段も納得。レストランで
食べたら倍、いやもっと!?するか
も。そう考えるとかなりお得。し
かもロブスターならではの甘み
がしっかり堪能できる贅沢なサ
ンドイッチなのです。そんなわけ
で、僕はここに来るとどれにしよ
うか、本当にいつも迷っちゃうん
だよなぁ。

Ⓐ3045 Monsarrat Ave.
Ⓟ(808) 739-0999 Ⓑ7:00 - 15:00
Ⓒ無休 ⓂP157 01

Head

ローカルにも、観光客にも愛される味わい！

バイオニア サルーン ［プレートランチ］
Pioneer Saloon

日本人シェフのノリさんが、ローカルの味覚にも、日本人の舌にも合うプレートランチを作ったのには驚いた。天才だね！　特に好きなのは塩麹を使ったやわらかくてジューシーなクリーミー・チキン（＄15）。アメリカのシェフたちが気になっているものをこうしていち早く取り入れているところもさすが。ハンバーガー・ステーキ（＄14）やチリ・トマト・フライド・チキン（＄14）、エビの甘みと旨みがたっぷりの、シュリンプ・シュウマイ（＄15）もよくオーダーするもの。量も、全体のバランスもちょうどいい。ローカルにも、観光客にもオススメできるところ。カカアコにもお店があるよ！

A 3046 Monsarrat Ave.
P (808) 732-4001 **B** 11:00 - 20:00
C 無休 **M** P157 **02**

ダイヤモンド ヘッド マーケット＆グリル ［デリ、プレートランチ］
Diamond Head Market & Grill

今から20年ほど前のこと。「カハラムーン」というハワイ・リージョナル・キュイジーヌのレストランのオーナーシェフがお店を閉めてオープンした、デリとプレートランチのお店。瞬く間に話題になり、ローカルをはじめ、観光客にも愛され、にぎわうようになって久しい。僕はここのペストリーとスコーン（＄5.65）が大好き。最近スコーンは、ブルーベリー以外に、バナナクリームチーズやアップルクリームチーズなどの種類もプラスされたからいつもたくさん買いすぎちゃう。スパムむすび（＄3.50）があまり好きじゃない僕だけど、ここの薄い卵焼きがサンドしてあるやさしい味のものは時々手にしてしまう。プレートランチは、照り焼きビーフやグリルしたアヒなど、いろいろなものが詰まったサーフ＆ターフ・プレート（＄23.50）を。サンドイッチは、マッシュルームソースにディップして食べる肉厚のポートベロー・マッシュルーム・サンドイッチ（＄10）をセレクトすることが多い。ローカル的にはスライスのバナナブレッド（＄3.75）も欠かせない。

A 3158 Monsarrat Ave. **P** (808) 732-0077 **B** [Market] 7:30 - 20:30、[Grill] 11:00 - 20:00(Mon-Fri)、10:00 - 20:00(Sat & Sun) **C** 無休
M P157 **03**

A 3045 Monsarrat Ave. #5
P (808) 732-8744 **B** 9:00 - 19:00 **C** 無休
M P157 **04**

ダ コーブ ヘルス バー＆カフェ ［カフェ］
da Cove Health Bar & Cafe

初めてアサイボウルというものを食べたのはこのカフェだった。今は亡きオーナーのマーカスさんにとてもお世話になった僕は、今もここを切り盛りしている奥さんのアンさんに会いがてら、アサイを食べに行く。僕がオーダーするのは、"パイアイ"をのせたハワイアン・ボウル（＄15.25）。パイアイとは、タロイモをつぶしたもので、よく耳にする"ポイ"はつぶしたタロイモに水を加えたもの。パイアイのほうがねっとりしていて、よりタロイモの味が深い。僕はその感じがとても気に入っている。しかも、アサイの甘酸っぱさに、ビーポーレン（ミツバチ花粉）のナチュラルな甘みが加わり、タロイモのクリーミーな食感ともよく合うのだ。これはぜひ体験してほしい味わい。本当のハワイらしさ、みたいなものを感じられるはず。すべてテイクアウトのみです。

カフェ モーリーズ ［カフェレストラン］
Cafe Morey's

モンサラット通りにできた新しいカフェに行ってみたいなぁと思っていたのは、3〜4年ほど前のこと。今やすっかり、のんびり朝ごはんやランチを楽しみたいときに行くところになって久しい。朝ごはんのときはフワフワのバナナ・マック・ナッツ・パンケーキ（＄8.50）。ランチにはビールによく合うアンチョビ・ガーリック・バター・フライ（＄7.50）やスパイスがきいたガーリック・シュリンプ（＄20）などをオーダー。風の抜ける気持ちのいい空間でダイヤモンドヘッドを横目に見ながら、料理を待つ時間もいい。

A 3106 Monsarrat Ave. **P** (808) 200-1995
B 8:00 - 13:00(Mon-Fri)、8:00 - 14:00(Sat & Sun) **C** 無休 **M** P157 **05**

フォート ルガー マーケット ［デリ、プレートランチ、スーパー］
Fort Ruger Market

1940年代からあるここは、プレートランチやデリだけじゃなく、日用雑貨もある小さなマーケット。ハイスクールの頃からずっとお世話になっている。当時はよくハワイアンプレートを買いに行っていた。その後、何度かオーナーが変わり、少しずつデリの種類も、プレートランチの傾向も変わっていった。フィリピン料理が中心のときもあれば、韓国や日本の料理が見え隠れするときもあった。今は、ローカル韓国人とローカル日本人による経営なので、デリの味わいは全体的に僕好み。入口を入ってすぐ左手にあるポケ・ステーションには、しょうがとネギの風味がいいジンジャー・アヒや貝柱のポケ、干した銀ダラとごま油を混ぜたねっちりとした食感のルガーリシャス・ポケ（ルガーリシャスとは、オノリシャスの変化形で、原形はデリシャス。オ

ノはハワイ語でおいしいという意味）など、なかなかほかでは類を見ないポケが並ぶ。最近、ポケボウルが食べたいときは、好みのポケとカルーアポーク、または揚げ豚が選べ、ロミサーモンなどのハワイアンフードもサイドディッシュで付いてくるアメージング・ポケ・ボウル（＄17.95）をピックアップすることが多い。小腹が空いているときはピックルパパイア（＄12.79/パウンド）やボイルド・ピーナッツ（＄5）を買いに立ち寄ることも。ここは今も昔も、食いしん坊の僕にとって何かと頼れるところなのだ。

A3585 Alohea Ave.**P**808 737-4531**B**6:30 - 18:00**C**無休
MP157 **06**

サニー デイズ ［カフェレストラン］
Sunny Days

朝ごはんとランチのお店。全体的にヘルシーなメニューが中心のお店は味が足りないことが多いけれど、このレストランはヘルシーでいながら、きちんと満足する味わいを作り出すところ。しかも見た目もかわいくてボリュームもある。生クリームとベリーを添えたフワフワのスフレパンケーキ、ベリーベリーパンケーキ（＄18）や野菜がモリッとサンドされたグリルド・チキン・サンドイッチ（＄16）は、なかでも印象的だったメニュー。バナナとイチゴを贅沢にのせたここのアサイボウル（＄14）も人気だよ。

A3045 Monsarrat Ave.**P**(808) 367-0059**B**8:00 - 15:00**C**Thu **M**P157 **07**

エーヴイ　レストラン　［ヴィーガン料理］

AV Restaurant

僕はヴィーガンではないけれど、時々、体をリセットするためや、ヴィーガンの友人たちとのディナーのときにこのレストランへやってくる。オープンは、2021年夏。「レストランXO（P93）」のオーナーが新しく立ち上げた、ヴィーガンのコース料理（＄90）が楽しめるところだ。メニューはだいたい10皿ほどのコースのみ。先日は、肉厚のポートベローマッシュルームをカツサンド風に仕立てたものや、インドネシアの発酵食品として知られたテンペとキノコ類をパスタ風の生地に包み、黒酢醤油とごま系のソースで食べる"ダン・ダン・トリテリーニ"といった目にも舌にも楽しい料理を堪能した。また、トリュフ、エリンギ、バナナブロッソンが入っている"トリュフの小籠包"は、肉を使わない代わりにアガーを加えてとろりとした食感を出し、ヘルシーなのに、食べごたえがあるひと品に仕立てるなど、ひとつひとつ、とにかく丁寧に作られ、味わいも素材も研究し尽くされているのがわかるものだった。だから体も元気になるし、ヘルシー気分も満喫、お腹も満足になるというわけ！

Ⓐ1135 11th Ave. Ⓟ(808) 888-3528
Ⓑ17:30 - 22:30 ⒸSun & Mon ⓂP157 01

Hale Vietnam Restaurant

ハレ ベトナム レストラン［ベトナム料理］

月曜日は閉まっているレストランが結構ある。そんな日だっておいしいものが食べたい僕は、今まではこのお店へ足が向いていた。が、なんと今はここも月曜日はお休みになってしまった。ガックシ。昔からずーっとそうしてきたので、レアステーキやトリッパが入ったコンビネーション・フォー（$14.50）を食べたいなぁと思うと間違えて来てしまっていたが、最近ようやく頭の中に、ここは月曜日が休みだということが定着してきた。パリパリとした食感がいいクリスピー・フライド・ヌードル（$22.95）や、ライスペーパーで具材を巻いて食べるベトナム・フォンデュ（$43.95）もヘルシーでよく食べるもの。80年代にタイムスリップしたような、あのネオンサインがまたなんともいい雰囲気なんだよね〜。

ベトナム料理といえば、昔からここ！

A 1140 12th Ave. P (808) 735-7581
B 11:00 - 21:00 C Mon M P157 02

Brick Fire Tavern

ブリック ファイヤー タバーン［ピザ］

VPN（ヴェラ・ピザ・ナポリターナ）とは、ナポリピザ職人協会認定の免許のこと。ハワイでこの免許を取得したシェフがいるとの噂を聞きつけ、食べに行ってからの大ファン。ハワイでこの免許を持っているのは今のところ2人だけとか。生地は薄くてモチモチ、それでいてしっかり歯ごたえがある感じ。オススメは、ベーシックなもの好きの僕も納得＆感激だったマルゲリータ（$19）、プロシュートとルッコラ（$24）、それにノースショアのシュリンプ・トラックをイメージしたダ・シュリンプ・トラック（$22）。これはバターガーリックたっぷりで最高！　最近、ダウンタウンのホテルストリートからカイムキに引っ越ししたので場所を間違えないようにね。

A 3447 Waialae Ave. P (808) 379-2430
B 11:00 - 14:00,17:00 - 22:00(Tue-Sat)、17:00 - 22:00(Sun)
C Mon M P157 03

ノース ショア グラインズ ［プレートランチ］
North Shore Grinds

ハワイで生まれ育ったシェフがワイキキのホテル「ハイアット・リージェンシー」やノースショアのホテル「タートルベイ」のシェフを経て、自分の街でプレートランチ店をオープンして20年以上。ちょっと甘めの味付けがローカルに愛されている。僕のお気に入りは、イカをガーリックで炒め、ペッパー・クリームソースで食べるガーリック・カラマリ・ウィズ・ローステッド・ペッパー・クリーム（$14.50）と、フレッシュなアヒをたたきにして香菜のペーストとともに味わうシアード・アヒ・ウィズ・シラントロ・ペースト（MP）。香菜とアヒの組み合わせがハマる味わいです！

A 1429 10th Ave. **P** (808) 732-7775 **B** 10:30 - 19:30 **C** Sun **MP157** **04**

ココ ブルーム キッチン ［デリ］
Coco Bloom Kitchen

カイムキに新しくできた日本人のご夫婦が切り盛りするここは、ジャパニーズスタイルの料理が好きな僕のツボだった！　ゆで卵がまんまサンドされたようなエッグ・サンド（$7.35）とオーガニック・スイート・コーン・スープ（$5.50）は、忙しい日のクイックランチとしてここのところかなり登場率の高いもの。大根おろし醤油がかかっているローストビーフ（$9/S）も僕好み。そうそう、ジャパニーズスタイルのイチゴミルク（$8）とか、ハワイにありそうでなかったドリンクもうれしかった〜。お得なのは、インド風バターチキン、ラタトゥイユ、トンカツ、クミンとソテーしたキャベツ、シナモン風味のカボチャのローストなどが盛り盛りに詰め込まれたデリ・サンプラー（$16.80）。ここはヴィーガン料理も充実で、味付けもいいのでヴィーガンじゃなくても体にいいことをしたいときに楽しんでいる。

A 3221 Waialae Ave. **P** (808) 784-0206 **B** 9:00 - 14:00 **C** Sun **MP157** **05**

ココ ヘッド カフェ ［カフェ］
Koko Head Café

アメリカのテレビ番組に出演していた、ニューヨーカーだったリー・アン・ウォンさんがオーナーのお店。で、最近、リーさんはマウイへお引っ越し。時々、お店を見にやってくるらしい。このお店は初め、かつて「12thアベニュー・グリル」があった場所でオープンした。そして今度もまた、悲しくもパンデミック中に閉店した「12thアベニュー・グリル」があった場所でリニューアルオープンするという不思議な流れを汲むところでもある。オープン当時から変わらぬ人気の、コーンフレークをまぶしてキャンディベーコンをのせたコーンフレーク・フレンチ・トースト（$24）は、僕の大のお気に入り。ブラックペッパーとメープルシロップ、ホイップクリームのトリプルハーモニーが、サクフワのフレンチトーストをよりおいしくしている。ブレックファースト・ブルスケッタ（$16）は、自家製ラスクにヨーグルトと季節のフルーツをのせ、ハチミツをかけたもの。イチゴ、マンゴー、リリコイの組み合わせが僕的にはベストかな。すっごくお腹がすいているときは、ガーリックライスにマッシュルーム・グレービーソースたっぷりのリッチな味わいのココモコ（$24）を。なんと横に添えられているのはキムチの天ぷら！　シェフ、リーさんの考える料理は本当に組み合わせがおもしろい。

A 1120 12th Ave. **P** (808) 732-8920 **B** 7:00 - 14:00 **C** Tue **MP157** **06**

> ハワイのおいしい
> チャイニーズの定義とは!?

Happy Days Chinese Seafood Restaurant

水槽があって、お世辞にもきれいとは言い難い店内で、しかも店員さんがちょっと失礼なのが、ハワイのおいしい中華レストランの共通点(笑)。このお店も味は最高！　うちは、ママやグランマたちが揃う大勢のときは、ランチでもディナーでもここでいろいろ注文して、みんなでワイワイ食べる。シュリンプ・ウィズ・ウォールナッツ（＄21.95）、ブラックペッパー添えのステーキ（＄20.95）、クリスピー・ガウジー・メン（＄16.95）などがわが家の定番。ガウジーとは、揚げ餃子のこと。個人的には、レタスとチキンのシンプルなサラダに薄味のドレッシングがかかったチャイニーズ・チキン・サラダ（＄15.95）がお気に入り。薄味なんだけれど、塩の加減がドンピシャなのがすごいの。

A 3553 Waialae Ave. **P** (808) 738-8666 **B** 8:00 - 21:00 **C** 無休 **M** P157 **07**

 モケズ ブレッド＆ブレックファースト カイムキ ［カフェ］

Moke's Bread & Breakfast Kaimuki

リリコイパンケーキ（＄12.95/2枚）が大人気のカイルアの朝ごはんのお店がカイムキにもオープン。近くなって便利〜！ってことで、朝ごはんやブランチに行くようになった。よくオーダーするのは、ポチギソーセージ入りのモカプウ・オムレツ（＄16.95）や、サクサクの衣にフワフワのマヒマヒ、それに塩加減が絶妙なマヒマヒ・サンドイッチ（＄15.95）、それから自家製パパイアシード・ドレッシングのシュリンプ＆スピナッチ・サラダ（＄16.95）など。ある日、マンゴーの季節に、オーナーから僕に呼び出しがあった。何だろう？と思って行ってみると、なんと新メニューの味見！　フレッシュマンゴーにドライプラムと八角の香りがいいリーヒンパウダーを合わせたクリーミーなソースのパンケーキ（＄13.95/2枚）は、甘酸っぱくてクリーミーで想像以上にパンケーキに合う味わい。これは6〜8月のマンゴーの季節限定、しかもカイムキ店でのみ食べられるスペシャル。この時期にハワイを訪れることがあったらぜひ！

A 1127 11th Ave. #201 **P** (808) 367-0571 **B** 7:30 - 14:00(Wed-Fri)、7:00 - 14:00(Sat & Sun) **C** Mon & Tue **M** P157 **08**

チャービーズ バーガー　[ハンバーガー]
Chubbies Burgers

ワードにパーキングしていたフードトラックのハンバーガー屋さんが、レストランになりました〜！場所は、かつて「ココ・ヘッド・カフェ（P86）」だったスペース。カイムキ辺りで小腹がすくとついつい食べに行ってしまう。いつもオーダーするのは、ローカル・ビーフパテにアボカド、パン粉をつけて揚げた赤玉ねぎに、ガーリック・ランチドレッシングがかかった"El Rey"（＄12.50）という名のボリューミーなハンバーガー。最近のお気に入りはたまにメニューに登場するスペシャルで、とろけたモッツァレラチーズとクリスピーなバターミルク・フライドチキン、ルッコラ、バジルマヨとトマトソースなどをサンドしたイタリアンな雰囲気のサンドイッチ（＄14）と、チェダーチーズに、トマト、レタスといういわゆるオーセンティックなアメリカのスマッシュ・バーガー、50'sバーガー（＄10.50）。サイドには、チェダーチーズとグリルオニオンにスペシャルソースをかけた濃厚なフレンチフライ（＄7.50）もマストで！

A 1145C 12th Ave. P (808) 291-7867 B 10:30 - 21:00 C 無休 M P157 09

シャロハ ピタ　[地中海料理]
Shaloha Pita

ピタパンの中にソテーした肉や魚を入れて、ヨーグルトソースで食べるような地中海料理が僕は大好き。思い立って、どうしても食べた〜い！となると、ここへ来ることが多い。ドライハーブやごまを混ぜ込んだザータルスパイスとクリーミーなフムスで食べるピタチップス（＄11.40）や、ヒヨコ豆をつぶしてハーブを加えたものを揚げたファラフェル（＄11.40）が僕のお気に入り。

A 3133 Waialae Ave.
P (808) 744-4222
B 11:00 - 16:00（Sun）、
11:00 - 19:00(Mon-Sat)
C 無休 M P157 10

マグロヤ ［和食］
Maguro-Ya

長いことカイムキで和食店を営んでいるここで必ず食べるのは、ガーリック醤油味のマグロステーキ（＄22）。肉のようなしっかりした弾力と味わい、なのにヘルシーなのが僕的にありがたい。金目鯛ともみじおろしポン酢、ヤリイカ柚子塩、えんがわ炙り、野菜にぎりなど、アレンジが楽しいお寿司（MP）も充実している。最近はマグロ・ポケ（＄13/ハーフサイズ）や、カレイのから揚げ定食（＄29/ランチ）もよくオーダーする。定食類もバラエティ豊かなので、ちょっと贅沢なランチタイムをこっそり楽しみに行くことも。

A 3565 Waialae Ave.
P (808) 732-3775
B 11:00 - 13:00,17:00 - 20:30（Tue-Sat）、17:00 - 20:30（Sun）
C Mon **MP** 157 **11**

ミロ カイムキ ［フランス料理］
Miro Kaimuki

20年以上前、初代のオーナーはここでハワイに和風をミックスしたフランス料理を展開した。それはとても繁盛し、ローカルをはじめ、観光客も続々とここを訪れた。数年前、そのオーナーがリタイアし、あとを引き継いだのが「ヴィンテージ・ケーヴ」などで腕をふるってきたシェフ、クリス・カジオカさん。彼は、前オーナーのフレンチに少し和をミックスしたスタイルも、"ミロ"という名前も、手頃な値段で味わえるコース料理という点もテイクオーバーして、その気持ちを今のハワイにつないでいる。メニューは月ごとに替わる5品コース（＄88）のみ。先日、僕が伺ったときは、焼いたレンズ豆をのせてチリオイルをかけたアヒタルタルや、サーモンとラタトゥイユにカラマンシー（ハワイでよく使われる柑橘）を添えたもの、ホタテ貝とリリコイにペルーのチリソースを合わせるなど、フレンチ×和だけでなく、ハワイの素材も交えつつ、ちょっぴりニューアメリカンなスタイルの雰囲気も感じさせる料理を構築していた。ファインダイニングでこのお段で、こんなに丁寧に作られた料理がいただけるところはそうそうない。もっとうちの近所に引っ越してきてほしい〜、と行くたび思う。そうそう、ニョッキの上にウニをちらしたひと皿は、見た目も麗しいフレンチと和の融合だったなぁ。ここはいつも思いも寄らない組み合わせで僕を驚かせてくれる。

> ハワイのフレンチここにあり！

A 3446 Waialae Ave. **P** (808) 379-0124 **B** 17:00 - 21:00 **C** Tue **MP** 157 **12**

パイプライン ベイクショップ & クリーマリー　[スイーツ、カフェ]

Pipeline Bakeshop & Creamery

気軽に入って店内でちょっとおやつタイムするのにちょうどいいところ。お目当ては、マラサダ。僕のお気に入りは、シンプルなシナモンシュガー（＄2.25）。以前は、週末限定でマラサダにアイスクリームをサンドしてくれたけれど、今はやっていないので悲しい！　なので、お店の方の愛犬の名前がつけられたクッキー＆クリーム＝Molly Madness Ice Creamや、She's So Strawberry（各＄4.50/S）といった、チャーミングなネーミングのアイスクリームも時々食べる。ライスクリスピーのエネルギーバーや、M&Mチョコレートが埋め込まれた、M&Mモンスタークッキー（＄4.65）は、忙しくて朝ごはんをとれなかったときの強い味方としていつも頭の中のリストに入っているもの。だから、帰り際になんとなくこれらもテイクアウトしちゃう。

Ⓐ3632 Waialae Ave.Ⓟ(808) 738-8200Ⓑ8:00 - 18:00（Wed & Thu）、9:00 - 19:00（Fri-Sun）ⒸMon & Tue ⓂP157 ⓭

ジャパニーズ レストラン アキ　[和食]

Japanese Restaurant Aki

ランチタイムは定食屋さんとして、ディナータイムは居酒屋さんとして何かとお世話になっている和食屋さん。揚げ出し豆腐（＄9）や豚のしょうが焼き（＄14）、牡蠣フライなどの魅惑的なラインナップのなか、ついつい選んでしまうのが銀ダラ味噌焼き弁当（＄21.50）。最近は、フライド・オイスター・カレー弁当（＄17.50）や、ちらし寿司とエビ天（＄21.50）だなんて夢の共演メニューも登場していた。夜は、あん肝ポン酢（＄12）や味

噌クリームチーズ（＄7）などをつまみながらちびりちびりと飲み、メインに串焼きや鍋を楽しむ。ここは、昼も夜もいつだって僕の心とお腹を満たしてくれる、そんなところです。

Ⓐ1137 11th Ave.Ⓟ(808) 462-6267
Ⓑ11:30 - 14:00、16:00 - 22:00(Sun & Mon、Wed & Thu)、11:30 - 14:00、16:00 - 22:30(Fri & Sat)
ⒸTue ⓂP157 ⓮

ヴィア ジェラート　[ジェラート]

Via Gelato

暑い日が続くとジェラートが食べたくなる～。だからカイムキに来るとついフラフラとここに足が向いてしまう。フィアスチョコレート、ハウピア（ココナッツミルクで作るハワイアンデザート）、クッキー＆クリーム、マンゴー・スワール（各＄5.50）などが僕の定番。これをユニコーン（＋＄1.50）スタイルで食べる。ユニコーンとはその名の通り、アイスクリームコーンを角のようにジェラートにのせたもの。かわいいし、ジェラートの合いの手としても欠かせない。

Ⓐ1142 12th Ave.Ⓟ(808) 732-2800Ⓑ11:00 - 22:00(Sun-Thu)、11:00 - 23:00(Fri & Sat)
Ⓒ無休 ⓂP157 ⓯

モツが苦手な方でもここの
モツ鍋スープは飲めるはず!!

ヤキトリ アンドウ　[焼き鳥]

Yakitori Ando

料理はおまかせコースのみ（＄60）。まずはおつまみが出てきて、それからカウンターの目の前で大将が炭火で焼く、焼き鳥が出てくる。コースの内容は、そのときによって変わり、大将がお客さんの食べすすみ具合を見ながら時々「これ、食べますか？」なんて聞いてくれたりして、いろいろ出てくる。手羽先、モモ、ハツ、ベーコンうずら、ラム、エビは僕のお気に入り。どれもこれもジューシーで素材の味わいもしっかり。すっかりお腹がいっぱいだけれど、最後に出てくるモツ鍋！　これは絶対にお願いしたほうがいい。最後の〆のご飯か麺はもちろん、汁までぜーんぶ飲み干したいくらいコクと旨みがぎっしり詰まっているから！

A1215 Center St. #200 P(808) 739-5702 B18:00 - 22:00 CWed MP157 16

タムラズ ファイン ワイン＆リカーズ　[酒屋、デリ]
Tamura's Fine Wine & Liquors

たまにある、家ごはんの日に

スーパーボウルサンデーの日や、持ち寄りパーティーのときはここでポケとワインを調達。わが家の定番ポケは、甘めの醤油とオイスターソースで味付けされた、タムラズ・ソース・ウィズ・フレッシュ・アヒ。それと、カリカリ食感のフライドガーリックとアヒを和えたもの、トビコとわさびが加えられたもの、マヨネーズとピリ辛ダレを合わせたものなど。あとはご飯を炊いて、それぞれ好きなポケをのせて食べるのみ。ポケはすべてマーケットプライスです。

A3496 Waialae Ave.**P**(808) 735-7100**B**9:30 - 20:00**C**無休 **M**P157 **17**

レッド エレファント タイ キュイジーヌ　[タイ料理]
Red Elephant Thai Cuisine

僕はタイ料理が大好き。ここはとにかくメニューの数が多い。チキンサラダ、パパイアサラダ、春雨サラダ、ミンチした肉のサラダなど、サラダだけでもこんなに！　麺も同じく、パッタイ、クリスピー麺、カレースープと一緒に食べる麺など、多すぎて迷ってしまう。スープやカレーも同じように目移りして、あれもこれも頼んで食べきれない〜となることがあってから、大勢で行くようになった。少人数のときは、蒸した白身魚をライムにナンプラーを加えたあっさりしたソースで食べるひと皿（＄18.99）と、ところどころにある焼き目の香ばしさとたっぷり入ったカニの甘みがたまらないクラブ・フライド・ライス（＄18.99）が定番で、たまにエビ入りのグリーンカレー（$17.99）を頼むくらいに落ち着いた。生い茂った木々に囲まれたオープンエアのようなチャーミングな場所で、みんなでワイワイ食べるごはんは、楽しくて本当にいい。

A3196 Waialae Ave.**P**(808) 732-5461**B**12:00 - 21:30（Mon-Sat）、16:00 - 21:30（Sun）**C**無休 **M**P157 **18**

ダブリュー＆エム バーベキュー バーガー　[ハンバーガー]
W&M Bar B-Q Burger

大学生の頃からの定番と最近のお楽しみ

大学生の頃の僕が、小腹がすくとよく立ち寄っていた老舗のバーガーショップ。今もそのクセが抜けなくて、近くを通るとつい寄ってしまう。ベーシックなチーズ・バーガー（＄6.10）か、昔から変わらないシンプルすぎるバーベキュー・ホット・ドッグ（＄4.45）、もしくはレタス、チーズ、トマト、玉ねぎなどがサンドされたロイヤル・バーガー（＄6.25）、それにグリーンリバーという名のライム味のソーダ（＄2.50）というのが長い間愛してやまないメニュー。最近、ぶらりと立ち寄ったときに、土日限定のパンプキン・クランチ（＄5.75）という生クリームとパンプキンのふんわりデザートがあることに気づいた。これがクリーミーで濃厚で、ものすごくおいしい〜の。ただ、土日限定となっているけれど、ないときもあるし、ほかのデザートになっているときもある、ハワイあるあるシリーズなので、ハンバーガーを買いに行ったついでに、あったらラッキーくらいでお願いします（笑）。

A3104 Waialae Ave.**P**(808) 734-3350**B**10:00 - 16:30（Wed-Fri）、9:00 - 16:30（Sat & Sun）**C**Mon & Tue **M**P157 **19**

ノー ネーム バーベキュー サンドイッチ　［サンドイッチ］
No Name BBQ Sandwich

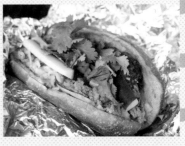

せん切りの大根とにんじんのピクルスとともに、ポークベリー・ボローニー（そぼろ状の豚ひき肉）・パテをサンドしたベトナムのバインミースタイル（$10.99）が人気のサンドイッチ屋さん。オーナーはもちろんベトナム人の方。僕はよくここへ、ベトナム人と日本人の友人3人でランチのテイクアウトにやって来る。それで車の中か、立ちながら近況を話しつつ、このサンドイッチを頬張る。香菜も大盛りだけれど、自家製の真っ赤なチリソースもモリッと入っているので、めっちゃ辛い！　けれども旨みがある。だから、オヤジ3人が辛くて汗ダラダラで見た目はどうかと思うけど、僕らの口の中は幸せいっぱい。バーベキューポーク・サンドイッチ（$8.99）やローストポーク・サンドイッチ（$7.99）などのポークサンドも僕のお気に入り。卵とベーコンのサンライズ・サンドイッチ（$7.99）なんてものもありますよ。

Ⓐ3394 Waialae Ave. Ⓟ(808) 200-1268 Ⓑ9:00 - 17:00 ⒸTue ⓂP157 **20**

スプラウト サンドイッチ ショップ　［サンドイッチ］
Sprout Sandwich Shop

ヘルシーフード好きの友人とランチするときはだいたいここで待ち合わせ。僕はいつも飽食すぎるので、こういうときはヘルシーなものを食べるいいチャンス！とばかりに、友人の好みに寄せたランチを提案する。彼女はヴィーガンパテに、香菜とライムアイオリのスプラウトイッチ（$13.50）。僕は生ハムとパストラミ、サラミ、オリーブタプナード入りのザ・フォンズ（$13）。あ、僕のはあまりヘルシーじゃないかもね。

Ⓐ1154 Koko Head Ave. Ⓑ10:00 - 15:00 Ⓒ無休 ⓂP157 **21**

レストラン エックスオー　［ニューアメリカン］
Restaurant XO

「ヴィンテージ・ケーブ」にいたシェフが独立してオープンしたここは、素材の組み合わせが斬新な、目にも舌にも楽しいレストランで、少し前まではファミリーでシェアするスタイルのファンタスティックなコース料理が味わえるところだった。ところが最近、居酒屋スタイルに変わり、すべての料理がなんと$9以下に！ 料理のクオリティーはそのままに、気軽に楽しめるようになった。それはそれでうれしいが、このタイミングでぜひ、僕が気に入っていたじゃがいもの薄切りを重ね焼きしてサマートリュフやキャンディベーコンと食べるグラタンを復活してほしい！料理は毎週いろいろ変わるので、それを楽しみに行くのもいいよ。

Ⓐ3434 Waialae Ave. Ⓟ(808) 732-3838
Ⓑ17:00 - 21:15 ⓒThu ⓂP157 **22**

Kahala/ カハラ

プルメリア ビーチ ハウス　［カジュアルダイニング］

Plumeria Beach House

「カハラホテル」内のオープンエアな雰囲気もいいここは、朝、昼、夜と楽しめて、静かなビーチが目の前という贅沢なロケーション。僕はあまりブッフェが得意じゃないけれど、このレストランのは特別！　何を食べても質が高い、満足な食事が味わえるのだ。なのに、朝食ブッフェが＄55と、思っているほど高くないというのもありがたい。金曜日と土曜日のウィークエンドのシーフードブッフェ（＄90）、水曜日のランチのカレーブッフェ（＄45）といった、スペシャルなブッフェも楽しみにしている。朝食ブッフェの、スイート・バター・ポーチド・ロブスター・ベネディクトは、ほんのりレモンの酸味が感じられるやさしい味わいのオランデーズソースと甘みのあるロブスターの相性が抜群。薄く焼いたパンケーキをくるくる丸め、たっぷりフルーツをのせたシンパンケーキも欠かさず食べるもの。どれも単品でも注文できるので、好きなスタイルでどうぞ。

🅐5000 Kahala Ave.🅟(808) 739-8760
🅑6:30 - 11:00,11:30 - 14:00,17:30 - 20:30(Sun-Sat)、Curry Buffet (on Wed 12:00 - 14:00)、Seafood Dinner Buffet (on Fri & Sat 17:00 - 20:30)
🅒無休Ⓜ P154 01

Hawai'i Kai ハワイカイ

ザ オリジナル ロイズ イン ハワイ カイ ［ハワイリージョナルキュイジーヌ］

The Original Roy's in Hawaii Kai

ワイマナロに住んでいるパパは、タウンに出たくないので、食事するときはだいたいこのお店を指定される。目の前に広がる静かなビーチとサンセットタイムを楽しみながら食べるディナーは最高だからいいんだけどね。クリスピー・ホール・フィッシュ（MP）や、ゆっくり煮込んだやわらかな牛肉をやしの木の実のグラタンとロミトマトとともに食べるスロー・ブレイズド・ビーフ・ショートリブ（＄50）、それに周りをさっと焼いて中はとろとろのマグロを醤油マスタードにつけて食べるブラック・エンディッド・アイランド・アヒ（＄31）などを楽しみながら、お互いに近況報告。最後は、本店でしか食べられない裏メニューの抹茶スフレ（＄14）で〆。これは予約の際にお願いするのを忘れずに。ワイキキ店よりもハワイカイの本店のほうが、クラシックなメニュー以外にも料理の幅が広いので個人的にはより気持ちが上がるんだよね。

Ⓐ6600 Kalaniana'ole Hwy. #110 Ⓟ(808) 396-7697
Ⓑ16:30 - 21:00（Sun-Thu）、16:30 - 21:30（Fri & Sat）
Ⓒ無休 ⅯP155 02

ハワイリージョナルキュイジーヌといえば、の老舗

エトアル ［ニューアメリカン］
et al.

カハラモールの向かいにあるショッピングセンター「クオノ・マーケットプレイス」に2021年6月くらいにオープンしたスーパー「フードランドファーム」が運営するレストラン。スーパーに入って右に抜けると、レストランになっているというつくりで、買い物のときにも、朝ごはんやランチのときにも便利。カレー風味のロブスターロール（MP）と、ブルーベリー・コンポートのモチ・ワッフル（＄14）は僕の定番オーダー。最近のお気に入りは、イタリアンと和風を上手に合わせたような、ハマクアマッシュルームのリゾット（＄23）。トリュフと本しめじ、のりも入っている、ニューアメリカンスタイルで、食材の組み合わせが最高！

Ⓐ4210 Waialae Ave. #401 Ⓟ(808) 732-2144
Ⓑ7:00 - 21:00 Ⓒ無休 ⓂP154 03

モエナ カフェ ［カフェ］
Moena Cafe

おいしいロコモコが食べたい日はちょっと遠出してここへ来る。ショートリブとリッチなデミグラスソースのロコモコ（＄19.95＋＄3でフライドライスに！）は、とにかく濃厚。オヤジな僕は、そのままだとちょっと重たいのでいつもタバスコをかけてその酸味でバランスをとっている。でもそれくらいしてもまたすぐ食べたくなるうまさなの。朝ごはんには、シナモンロールのようなパンケーキ（＄12）や、ストロベリークリームがたっぷりぬられた見た目もキュートなストロベリー＆ミルクパンケーキ（＄13）か、アサイボウル（＄18.50）をオーダー。ここのアサイボウルは、ハチミツやグラノーラの感じがとっても僕好みなの。

Ⓐ7192 Kalaniana'ole Hwy. #D-101
Ⓟ(808) 888-7716 Ⓑ7:00 - 14:30 Ⓒ無休
ⓂP155 04

オリーブ ツリー カフェ ［ギリシャ料理］
Olive Tree Cafe

カハラモールにあるギリシャ料理のお店は、好きなワインを持ち込めるところだった。しかも隣りに同じ系列のワインショップがあってそこでも購入できたんだけれど、ここ2～3年は残念ながらテイクアウトのみになっている。僕の定番は、フレッシュなきゅうりとヨーグルトによく合うフレッシュ・フィッシュ・スブラキ（串焼き）（＄14.33）や、ババ・ガヌーシュ（＄5.73）、マッスル・セビーチェ（＄7.64）など。テラス席でのんびり友人たちとワインを楽しみたいとき、ヘルシーな気分のときはいの一番にこのお店に向かったものだった。早く、今まで通りにテラスで気持ちのいい風を感じながらここで食事できる日がくることを祈ってやまない。まぁ、この味が味わえるだけまだありがたいんだけどね。

Ⓐ4614 Kilauea Ave. Ⓟ(808) 737-0303
Ⓑ17:00 - 21:00 Ⓒ無休 ⓂP154 05

バーベキュー チキン [韓国料理]
bb.q Chicken

超韓国っぽいのがいい〜！

「マグロヤ（P89）」で働いていたシェフが、韓国スタイルのフライドチキンのお店をオープン。タピオカ粉と小麦粉をミックスした衣をまぶして二度揚げしたクリスピーなチキンに、雪のようにフワフワなチーズパウダーをかけて食べる、バーフード・スタイルをはじめ、ちょっと甘じょっぱいシークレット・ソースがかかったチキンウイングや、ハニー・ガーリック・ウイングのほか、辛いもの好きの僕でも辛くて大汗をかいたウイングス・オブ・ファイヤー（各＄17.99/ハーフ）など種類も豊富。トッポギもバリエーション豊かで、チーズ入り（＄12.99）、クリーム入り（＄14.99）のほか、ラーメン、スパム、マンドゥソーセージなどいろいろな具材が入ったザ・ワークス・トッポギ（$15.99）なんていうのもある。それらを店内にある大きな画面から流れ続けているKポップを見ながら食べるのが、超韓国ぽくて楽しい！　オーナーは日本語も喋れるよ。

Ⓐ4210 Waialae Ave. #203Ⓟ(808) 888-3532Ⓑ11:00 - 21:00
Ⓒ無休ⓂP154 06

アランチーノ アット ザ カハラ [イタリア料理]
Arancino at the Kahala

オープンエアでチャーミングな雰囲気のここは、いうことなしのロケーション。特にロマンチックディナーのときはもってこい！　しかも、和牛やフォアグラなどの高級食材を惜しげもなく使用する料理や、ワインのセレクションも充実ときてる。アンチョビとガーリックソースのバランスがいいバーニャ・カウダ（＄21）や、ホールのペコリーノ・ロマーノ・チーズの中で仕上げるカーチョエ・ペペ（＄27）は僕のお気に入り。ガーリックオイルとジューシーなアサリのスパゲッティ・ボンゴレ（＄34）は、シンプルだけれどパンチのある味わい。でも、2人で食べれば、ガーリックの味わいもロマンチックになるはず（笑）。チーズ、グァンチャーレ、フライドエッグがのったカルボナーラ・ピザ（＄27）は、卵をくずしながら黄身をソースにして食べる裏メニュー……というのが、僕の定番オーダー。ロマンチックな日でも、いつだっておいしいことが最優先だからね。

Ⓐ5000 Kahala Ave.Ⓟ(808) 380-4400Ⓑ17:00 - 21:00Ⓒ無休
ⓂP154 07

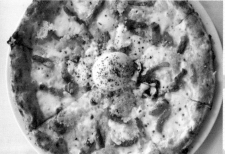

Il Gelato Hawaii

イル ジェラート　ハワイ　［ジェラート］

ローカルたちにも人気が高いここは、ハワイのフード・アワードのジェラート部門をたくさん受賞している。そんなお墨付きのお店の前をアイスクリーム好きの僕が素通りできるわけがない。定番でオーダーするのは、ドラゴンフルーツ、コナコーヒー、ハワイアン・シーソルト・キャラメル、アサイ、ストロベリー、グァバなどなど。シーズンでフレーバーは少しずつ変わるけれど、ちょっと変わった、でもハワイの素材や味わい、空気感を感じるものをリピートしている。Mサイズ（＄7.75）は3種をセレクトできるパターンで、オーダーを迷いがちな僕にうってつけ。そうそう、僕の中で最近、リピート率が高いのがナテラ・オン・ステロイド。すごいネーミングだけれど、要はチョコレート・ヘーゼルナッツなのでご安心を！

🅐4211 Waialae Ave. 🅟(808) 732-3999
🅑9:00 - 19:30（Sun）、9:00 - 21:00
（Mon-Sat）🅒無休🅜P154 08

Seaside Grill

シーサイド グリル　［カジュアルダイニング］

ビーチの目の前でのんびりする時間もたまには必要（本当はいつも必要だけど）。そんなときは「カハラホテル」のプールサイドにあるカフェで優雅にランチをとってリラックスする。すぐ目の前には静かなビーチ。後ろにはプールでくつろぐラグジュアリーなバカンスを楽しむ人たちもいる。そんな気分と雰囲気をおすそ分けしてもらいつつ、僕も擬似ビーチタイムを楽しもうと、アイランド・スタイル・フィッシュ・タコス（＄22）とドラフトビール、マウイ・シーズナル・セレクション（＄10）をオーダー。海に一番近い席に陣取ってひととき、この唯一無二の瞬間と空間を堪能する。実はこれ、僕の密かな楽しみなんです。

🅐5000 Kahala Ave. 🅟(808) 739-8760 🅑11:00 - 17:00
🅒無休🅜P154 09

Greek Marina

グリーク マリーナ　［ギリシャ料理］

ココマリーナショッピングセンターにあるここは、ヘルシーな気分のときや、カイルアに住んでいるママと待ち合わせて食事しに来るところ。フムス（＄9.95）や、エビとチキンとラムのミックス・スブラキ（串焼き）（＄23.95）などを食べながら最近の出来事を報告し合う。最近、気に入っているのが、羊乳と山羊乳から作られるギリシャのセミハードタイプのチーズ"ハルーミチーズ"にアニスの香りの"ウーゾ"というギリシャのリキュールをかけてフランベした、サガナキ・チーズ（＄14.95）。とろりと溶けた部分をパンですくって食べるのが最高！ 店内の青と白のタイルがマリーナの雰囲気とも合っていて、ここに来るとなんだかリゾート気分になれるのもいいんだよね。

🅐7192 Kalaniana'ole Hwy. #E126🅟(808) 396-8441
🅑11:00 - 20:00🅒無休🅜P155 10

ザ カウンター　[ハンバーガー]
The Counter

カハラモールの撮影後や疲れているときは、エネルギーチャージが必要ってことで、すぐ近くにあるハンバーガーショップで豪快にランチする。ブリオッシュパンのカスタムバーガー（＄14.50＋＄2.75でソテード・マッシュルーム追加可）が僕のイチオシ。ナチュラルビーフパテ、レタス、スイスチーズ、マッシュルーム、ガーリックアイオリソースをサンドしたボリューミーなもので、1/2サイズでも食べきれない！　1/3サイズで充分。それにパルメザンポテト（＄12）を付けるときも。疲れを癒すドリンクは、バースデー・ケーキ・シェイク（＄8.75）や、溶けたマシュマロ、グラハムクラッカーにチョコレートをサンドしたものを合わせたミルクシェイク、スモークド・スモアーズ・シェイク（＄9）など。これでガツンと甘みを補給する。

エネルギーチャージしたいときはここで！

Ⓐ4211 Waialae Ave. E-1 Ⓟ(808) 739-5100 Ⓑ10:00 - 21:00 Ⓒ無休 �Ⓜ P154　11

ホール フーズ マーケット　[スーパーマーケット]
Whole Foods Market

ホームパーティーのごちそうはここでピックアップ

ワードとカハラのPRの仕事をしているため、このスーパーのこともPR中。そんなわけで、皆さんに何がオススメか、あれやこれやと味見をする日々。最近よかったのは、料理家の栗原はるみさんもお気に入りだったブリー・チーズとイチジクがパック詰めされたもの（＄20.99/パウンド）や、カハラ店限定のスモーク・ポークベリー（＄13.99/パウンド）など。ワード店には豚バラ肉をスモークしたものも限定であり。ホームパーティーのときは、そんなものをピックアップ。みんな大喜びして"ショーン、また作って！"と言ってくれるんだけど、ごめん、全部、ここで買ってるの（笑）。

Ⓐ4211 Waialae Ave. Ⓟ(808) 738-0820 Ⓑ7:00 - 22:00 Ⓒ無休 �Ⓜ P154　12

ウェルネス　キッチン　[料理教室]
Wellness Kitchen

ダイエティシャンのリサ・マツナガさんが主宰する料理教室に夫婦で参加。いろいろコースがあるなか、僕らが選んだのはヘルシー料理。体調のことなどを前もって話し、パーソナルな料理を考え、教えてくれる（プライベートレッスン/＄385/カップル、5人までのグループの場合＄175/1人）。僕らの料理は、イタリアの魚介ベースのシチュー、チオピーノ、フルーツサラダ、デザートのピーチコブラーなど。こんな感じにローカル食材を使ったワールドワイドな料理を味わいながら学べる。ひと通り、レッスンが終わったらダイヤモンドヘッドを眺めながら、会食。あー、楽しい！

パーソナルなクッキングレッスンでヘルシーに

Ⓑ10:30 - 13:30（Mon-Fri）＊予約、申し込みは
http://wellnesskitchen.comから

ホクズ　[ハワイ リージョナル キュイジーヌ]

Hoku's

母の日は、ママと「カハラホテル」のメインダイニング
でディナーか、サンデーブランチ（＄95）ということが
多い。シーズンごとに変わる、スターター、前菜、アン
トレ、デザートの4品コースディナー（＄124）のメイ
ンは和牛かロブスターで豪勢に。たまに、大盤振る舞
いして前菜にオプションできる、ハンドカットのトリュ
フ・タリアテッレ（コースに＋＄40）をプラスオーダー
することも。デザートには、あたたかくてとろけるフォ
ンダンショコラのようなチョコレートケーキ。コース
はベジタリアンメニューにも対応可能ですよ。

Ａ5000 Kahala Ave.Ｐ(808) 739-8760Ｂ17:30 - 20:30（Tue-
Sat）、9:00 - 13:00（Sun）ＣMonＭP154　13

マイリーズ タイ ビストロ　[タイ料理]

Maile's Thai Bistro

ハワイカイにある美人ママが営むタイ料理
店。僕のお気に入りは、レタスでひき肉とエ
ビをミンチしたものを包んで食べるレタスラ
ップ（＄17.90）と、モチモチの太麺に、ナン
プラーと煮詰めた醤油などで炒めた肉と野
菜を和えたボリューム麺（＄17.90）。肉は牛
肉か豚肉かを選べるので、気分でセレクトし
ている。お茶目なネーミングもいい、バゲッ
トにトマトとタイバジルをのせた、ブルスケ
ッタじゃなくてタイスケッタ（＄10.90）や、い
つも僕を満足させてくれるクリーミーでコク
のあるチキン入りのグリーンカレー（＄
17.90）などもよくオーダーするもの。ハワイ
カイでタイ料理！と思ったら迷わずここへ。

Ａ333 Keahole St. #2B8 Ｐ(808) 394-2488
Ｂ11:00 - 20:00（Sun）、11:00 - 21:00（Tue-Sat）
ＣMonＭP155　14

カパ ハレ ［ハワイ リージョナル キュイジーヌ］

Kapa Hale

"カパ・ハレ"とはハワイ語で"木の家"という
意味。そんな素朴なネーミングのレストラン
で腕をふるうのは、生まれも育ちもハワイの
シェフ。ニューヨークで修業した後、ダウン
タウンの「ザ・ピック＆ザ・レディ（P133）」で
腕を磨き、自身のお店をオープンした。まる
でカメレオンのように、さまざまなスタイル
の料理を生み出すシェフの料理は、ハワイの
農園を応援すること、見た目の美しさ、そし
て素材を生かしたおいしさを追求したもの。
さらに、料理名にはオヤジギャグのようなユー
モアも忘れない（僕と気が合う！）。ブレッ
ドフルーツ、ピンクグレープフルーツ、コナ・
コーヒー・クランブル、花などが盛り込まれた
ハクレイ（花冠）のようなサラダ（＄18）は、農
園への敬愛を込めてクラウンの形に盛り合
わせているのだそう。甘み、苦味、酸味、大
地の味わいのハーモニーが最高！　ハワイ
産ビーフのタルタル（＄18）には、肉の甘みに
マスタードの酸味、ナッツの食感、ガーリッ
クのアクセントを加えた逸品。これは独り占
めして食べたい！　ナン・ヤ・ビジネス（＄10）
は、ティカマサラ・カレーに、ハワイのスミダ
農園のクレソンをナムルにしてのせた前菜。
"ナンヤビジネス"とは、あんたに関係ないで
しょ！という意味で、それとナンをかけてい
るんだけど、わかるかな!?　コーンブレッド
（＄8／2ピース）には塩けのきいたバターがの
せてあり、それがいいアクセントになってい
た。ちなみにこれにウニのオプションもあり。
何を食べても思わず声がもれるほど、どれも
これもオススメしたいものばかり。とにかく
食べに行ってみて！

Ⓐ4614 Kilauea Ave. #102Ⓟ(808) 888-2060
Ⓑ9:00 - 14:30,17:00 - 21:00（Sun）、17:00 -
21:00（Mon & Tue）、10:30 - 14:30,17:00 -
21:00（Wed & Thu）、10:30 - 14:30,17:00 -
21:30（Fri）、9:00 - 14:30,17:00 - 21:30（Sat）
Ⓒ無休ⓂP154 15

McCully/Mōʻili
マッカリー / モイリイリ

Sean's
Hawai'i Ultimate
Dining Guide 366

フォー ビストロ 2　［ベトナム料理］
Pho Bistro 2

その昔、ホテル「ハイアット・リージェンシー」にあった「チャオメン」というレストランで働いていたファミリーが切り盛りしているレストラン。イチオシは、ビーフショートリブ、グリルしたチキンなどがモリモリのハウス・スペシャル・コンボプレート、ご飯付き（$21.95）。フォーだけを食べる場合は、レアステーキがのったフォー（$17.45）と揚げ春巻き（$11.45）を。オックステールスープは、フォーかライスが選べるセット（$30.95）もあるのでこれもよくオーダーする。

A 1694 Kalākaua Ave. **P** (808) 949-2727
B 10:30 - 15:00,16:30 - 20:00 **C** 無休 **M** P156　01

イザカヤ ナルー　［居酒屋］
Izakaya Naru

沖縄そば（$14.25）、豚の角煮（$14.25）、ゴーヤーチャンプルー（$11）、石焼きタコライス（$15.25）などの、沖縄テイストな料理が味わえるここは、僕が知る限りハワイで唯一、自家製のジーマミー豆腐（$6.50）が食べられるところ。シーザーサラダ（$8.75）は、白菜と塩昆布を使っていたり、餃子の皮で作ったピザ（$10.50）といった捻りのきいたメニューもいい。僕のおじいちゃんは沖縄の人だったからかな!?　ここに来ると、なぜかほっとするんだよね。

A 2700 S. King St. #D104 **P** (808) 951-0510 **B** 17:30 - 1:00am
(Sun)、17:30 - 2:00am（Mon-Sat）**C** 無休 **M** P157　02

僕のルーツのひとつでもある沖縄を感じるところ

ハニー グレイズド ハム オブ ハワイ　［ハム専門店、デリ］
Honey Glazed Hams of Hawaii

サンクスギビングやホームパーティーのときは、ここのハムを買っていく。販売されているハムは、表面にハチミツをぬってスモークしたかたまり1種（$9.95/1ポンド/ミニマム7ポンドから）のみという潔さ。そのハムを使ったサンドイッチもあり、店内で食べることも可能。なので僕も時々、買い物がてらターキー＆チーズや、ハム＆チェダーのサンドイッチ（$8.95）を頬張って、ポチギ・ビーン・スープ（$5.95）とともにクイックランチ！

A 2758 S. King St. **P** (808) 943-0040 **B** 10:00 - 15:00 **C** Sun & Mon **M** P157　03

フジヤマ テキサス　［串カツ専門店］
Fujiyama Texas

しいたけ（$2.90）、モチ（$2.40）、チーズ（$2.30）、手羽先（$3.60）、鶏ささみ（$2.90）、プライムリブ（$3.90）、エビ（$3.20）などの具材から、好きなものをそのつどオーダーするスタイル。値段もリーズナブルだし揚げたてだから、どんどん食べれちゃう！　合いの手は、キムチ（$5.20）とポテトサラダ（$8.20）。ビールとともに揚げたてを頬張る幸せは何にも代えがたい～。最近、始めたブレックファーストは、焼き魚はいいとして、豚の角煮やステーキ、肉うどん、カレーうどんなどボリューム満点すぎて朝ごはんって感じじゃないものも（笑）。でもそんな朝から大盤振る舞いなところもここのよさだね。

A 2065 S. King St. **P** (808) 955-0738 **B** 7:00 - 10:00,17:00 - 23:00 （Sun & Mon, Wed & Thu）、17:00 - 23:00 （Tue）、7:00 - 10:00,17:00 - 24:00 （Fri & Sat）
C 無休 **M** P157 `04`

フレッシュ バイツ ハワイ　［カジュアルダイニング］
Fresh Bites Hawaii

モイリイリのショッピングセンターに2021年後半にオープンしたここは、夜までやっているけれど、基本は朝ごはん的なものが多い。僕が好きなのはモチワッフル類のメニュー。ブラウニー風味のワッフルにはチョコレートアイスクリーム、抹茶のワッフルにはウベアイスクリーム（各$11.95）、フルーツ類とともにこんもりのったスイーツ系や、ビーフパストラミのエッグ・ベネディクト（$13.95）がのったものまである！粗挽きソーセージをモチワッフルで包んで蒲焼きマヨをかけた、今はなき懐かしの「KCドライブイン」を思い出すようなモチワッフル粗挽きドッグ（$4.95/2本）なんてものまでも。僕は朝に行くこともあれば、ディナー後にサクッと甘いものを食べに行くことも。

A 2334 S. King St. **P** (808) 425-4574 **B** 9:00 - 19:00 （Mon & Tue, Thu & Fri）、9:00 - 15:00 （Wed）、8:00 - 19:00 （Sat & Sun） **C** 無休 **M** P157 `05`

外はカリカリッ！中はモチモチッ！

アート ＆ サンドイッチーズ　［サンドイッチ、プレートランチ］
Art & Sandwiches

知り合いのオフィスと、僕がたまに行くフットマッサージ店がこの店と同じビルに入っているので、どちらかに用事があるとここでランチする。サンドイッチの種類は7～8種。レタス、大根、もやしが入ったバインミーのようなベジタリアンサンドイッチ（$5.50）は、野菜不足のときに。卵焼きの甘みとスパムの厚みが僕的にいいバランスだなと思うスパムむすび（$2.95）は、上にのせるのではなく、サンドされているから味なじみがいい。クイックランチにもいいよ。

A 1750 Kalākaua Ave. **P** (808) 627-5183 **B** 8:30 - 18:00 （Mon-Fri）、10:00 - 18:00 （Sat）
C Sun **M** P156 `06`

ボウズ ジャパニーズ レストラン　［和食、居酒屋］

Bozu Japanese Restaurant

寿司、炉端焼きなどもある日本スタイルの居酒屋さん。必ずオーダーするのは、いぶりがっこ入りのポテトサラダ（＄7）。これがスモークポテトサラダのようで、うまいのなんの。ウニと山芋を牛肉で巻いたビーフロール（＄18.50）や、ロブスターの天ぷら（＄24.50）も欠かせない！　マッカリー・ショッピングセンター内なので、ワイキキからも便利ですよ。

Ⓐ1960 Kapi'olani Blvd. #209Ⓟ(808) 955-7779Ⓑ17:00 - 24:00
ⒸMon&ThuⓂP156 07

ヤキニク コリア ハウス　［焼肉］

Yakiniku Korea House

焼肉好きの友人夫妻とよく訪れるここは、4人で3～4品頼むとちょうどいいくらいの、コスパよし、味よしのお店。忙しいので、サービスはそんなにフレンドリーじゃないけれどね（笑）。だいたい、マリネードしたショートリブ（＄44.95）、牛タン（＄42.95）、アウトサイド・スカート（ハラミ）（＄42.95）などを焼いてお腹いっぱい！　だけど、人数が多いときや足りないときは、イカのピリ辛い炒め物、スパイシー・スクウィッド（＄27.95）や、豚バラ肉と野菜をキムチとともに煮たご飯がすすんじゃうポーク＆キムチ・ポット・キュイジーヌ（＄64.95/2人分）もオーダー。焼肉も鍋も食べちゃう！

Ⓐ2494 S. Beretania St.Ⓟ(808) 944-1122Ⓑ10:00 - 22:00
Ⓒ無休ⓂP157 08

ドーネ　［和食］

Do-ne

どうしても和食が食べたい日、金欠の僕を救ってくれるのが手頃な料金で安定した味わいをくれる、こちらの和食。チキン南蛮弁当（$12/ランチ）、マグロ漬け丼（$14.50/ランチ）、焼き鮭弁当（$12/ランチ）など、定食スタイルがプレートランチで購入できる。今は、残念だけれどテイクアウトのみの営業。早くお店でゆっくり大将の料理を食べたい！　お弁当には追加でだし巻き卵（$8.50）もプラス。これがまたふわふわで最高なんですよ。

Ⓐ1614 Kalākaua Ave.Ⓟ(808) 626-5782
Ⓑ11:00 - 13:30,17:00 - 20:00Ⓒ MonⓂP156 09

ハワイでタイ料理といったら
ここでショーン！

チェン マイ タイ キュイジーヌ　［タイ料理］
Chiang Mai Thai Cuisine

ハワイでオススメのタイ料理を聞かれたら、いの一番にここをオススメする。ちょっと値段は張るけれど、長い間ずーっと変わらぬおいしさとクオリティをキープし続けている。僕の定番オーダーは、グリーン・パパイア・サラダ（＄10.50）。ミディアムの辛さをオーダーしたのに、安定の激辛（笑）なの！　けれども毎回、辛いもの好きの僕はうっかりミディアムを頼んでしまう。サクサク食感の揚げ春巻き（＄12.50）や、ゴールデン・カラマリ（＄13.50）などの前菜をモリモリ食べたあとに、さらにスティッキーライスがすすむグリーンカレー（＄15.50）やイエローカレー（＄13.50）も制覇するのがいつものパターン。ところで、ホット・スパイシー・クラム（＄16.50）をオーダーすると、"ホット"とメニューに書かれているのにもかかわらずスタッフが「マイルドにしますか？」と聞いてくる。それでマイルドにしてみるんだけど、毎回、結構な辛さ！　てことは、普通はものすごく辛いのか!?　ていうか、マイルドじゃないじゃん！と思うんだけど、そんなところもなんだか笑って許せる、楽しい、おいしい、ここが大好き。

A 2239 S. King St. **P** (808) 941-1151 **B** 11:00 - 14:00,17:30 - 21:00（Mon-Fri）、17:30 - 21:00（Sat & Sun）**C** 無休 **M** P157 　10

クミン好きの僕が
愛してやまないところ

ハビビ テイスティ　［中東料理］
Habibi Tasty

長い間「フラ・サプライ」というフラのグッズを扱うお店だったところが、ヨルダンとパレスチナのファミリーが切り盛りする中東料理のレストランになった。もともと彼らはフードトラックで営業していたが、2022年の夏にここをオープン。まずは、外はクリスピー、中はヒヨコ豆のふんわり食感をタヒニソースで味わうファラフェル（＄10）を。それからターメリック、クミン、シナモン、ペッパーなどのスパイスでマリネードしたチキンをトゥームというヨーグルト、ガーリック、マヨネーズなどを加えたクリーミーなソースで食べるチキン・シャウェルマ（＄25）をオーダーする。サージと呼ばれる薄いパンに、このトゥームをつけて食べるのも最高！　さらにラムやクミンをきかせた料理が大好きな僕は、ケバブ、ラムチョップ、シシカバブがセットになったラム3種の盛り合わせ（＄80）もオーダー。と盛り上がっていたのも束の間、なんと移転することに。早く次の場所が決まりますように！

＊最新データはSeanのインスタグラムをチェックしてください。 @incurablepicure

マチェテス ミーン サンドイッチ ［サンドイッチ］
Machete's Mean Sandwiches

ミーティング続きの日のランチは、だいたいサンドイッチと決めている。だから、シンプルでパンも具材のクオリティも高いここにはいつもお世話になっている。好みのパンをセレクトし、ハムやチーズ、ターキー、アボカド、ベーコンなどの具材を選んで自分好みのサンドイッチを作ってもらうというスタイル。僕がヘビーオーダーするのは、ハム＆ターキーサンドイッチ（＄11.50）。見て、この分厚さ！　野菜もたっぷりだからヘルシーを常に気にしている僕にピッタリ。

A 1694 Kalākaua Ave. **P** (808) 922-2467 **B** 10:30 - 19:00
C Sat&Sun **M** P156 11

イザカヤ トレ トレ ［居酒屋］
Izakaya Torae Torae

ここはローカルの友達と行く、ローカルスタイルの居酒屋さん。温泉卵とウニ、牡蠣やホタテ、甘エビなどがマティーニグラスに入って出てくるシーフード・シューター（＄10）や、ピリ辛ビネグレットドレッシングの山芋温泉卵サラダ（＄13.65）は僕の大好物。豚の角煮（＄16.86）や地鶏唐揚げ（＄11）といった定番メニューは安定の味わい。なかでも、いつも楽しい大将が作る卵料理がどれも絶品！　特に余裕があるときに作ってくれる裏メニューのう巻き（＄12.50）は一度食べたら忘れられない味。だから、頼んでもいいかな～？といつもお店の様子を見はからってはオーダーしている。

A 1111 McCully St. **P** (808) 949-5959 **B** 18:00 - 23:30
C Tue **M** P157 12

ここの卵料理はマストだよ

見た目も味わいも "ウォ!" な
ティーリーフサラダをぜひ

ダゴン ［ミャンマー料理］

Dagon

タイ料理のようでタイじゃない、インド料理のようでインドじゃない。地理的にその間にあるため、両方の影響を受けたおもしろい味わいがミャンマー料理。ハワイで初めてその味が楽しめるお店ができて数年が経つ。初めはモダンな料理が多かったけれど、だんだん伝統的な料理が出てくるようになって僕的にはうれしかった。みんながこぞって食べに行った、発酵したお茶の葉に、ピーナッツ、ごま、干しエビなどを混ぜて食べるティーリーフ・サラダ（＄15）は、まさに伝統的な料理のひとつ。程よい塩けとスパイシーさ、つぶつぶとした食感などあらゆる方向から楽しめる感じに即ハマった。パイナップル・シュリンプ・カレー（＄20）は今まで苦手だったので、ほかのレストランでは注文しなかったけれど、ここのは特別！　クリーミーでカレーの香りもしっかり。エビの甘み、パイナップルの甘みと酸味、スパイスの香り、それらをまとめるさりげない塩けが、本当に絶妙。ぜひ、食べてみてほしい。

Ⓐ2671 S. King St. Ⓟ(808) 947-0088 Ⓑ17:00 - 22:00 ⒸSun Ⓜ P157 13

ツクネヤ ［居酒屋］
Tsukuneya

ハワイ大学出身の僕にとって、この辺りは慣れたエリア。大学生の頃にピザハットだったこの場所は、授業が終わるとよく友人たちとおしゃべりしていたところだった。居酒屋になった今も、家族とここへディナーに来ると、ふとそんなことを思い出す。ポン酢で食べるフライドチキン（＄7）、山芋をのりで巻いて揚げたもの（＄8）、チーズフォンデュつくね（＄3）、天むす（＄10）が僕のマストオーダー。以前はスペシャルメニューだったスパイシー味噌ビーフラーメン（＄9）が、お願いしたかいあってデイリーメニューに加わった。やった、やった〜！

Ⓐ1442 University Ave. Ⓟ(808) 943-0390 Ⓑ17:00 - 22:00 ⒸMon &Tue
Ⓜ P157 14

イチフジ ［しゃぶしゃぶ専門店］
Ichifuji

着物姿のウエイトレスさんにうっとりできるここは、2020年にオープンしたしゃぶしゃぶ屋さん。アメリカン和牛で水菜を巻いたスタイルで出てくる肉をオックステールベースのスープにしゃぶしゃぶしていただくから、自動的に野菜も食べられてヘルシー！　コースの前菜には、ミルキーでとろける味わいの味噌バター・ロブスターが付いてくる。僕はこれをどうしても食べたいので、予約のときにプレミアムコース（＄125）でお願いしておく。そうしないとこのコースは人気ですぐ売り切れちゃう。コースには、和牛、キングクラブ、鯛またはハマチ、野菜などが含まれているから単品オーダーよりもお得……と、僕は思う。単品の場合は、スープが＄12/1人分で、あとは好みの具材をオーダーする感じ。例えば、アメリカン和牛（＄12/2枚）、アメリカン黒豚（＄8/2枚）といった具合に。〆にはおいしいスープにご飯を加えた雑炊、それにデザートで、完璧。

Ⓐ2334 S. King St. #C Ⓟ(808) 367-0012 Ⓑ17:15 - 22:00 ⒸTue & Wed
Ⓜ P157 15

イナバ ［そば、和食］
i-naba

ここは僕的にハワイで一番好きな、カリフォルニア発の日本そば屋さん。そば以外ににぎり寿司や天ぷらといった和食も充実しているけれど、僕はやっぱりそば派。鴨せいろ（＄23）、ごまダレそば（＄18）、天ぷらそばA（＄23/ランチ）が僕のお気に入り。温かいものか、冷たいものかを選べる柚子おろしそば（＄13＋＄3）と、季節限定のすだちそばは、ヘルシーなランチを食べたいときに。

Ⓐ1610 S. King St. # A Ⓟ(808) 953-2070
Ⓑ11:00 - 14:00,17:00 - 20:00 ⒸTue & Wed
Ⓜ P156 16

ミスター オジサン レストラン　［居酒屋］
Mr. Ojisan Restaurant

昔ながらのハワイの和食、ここにあり〜

ずいぶん昔からお世話になっているここは、以前はカパフル通りにあったファミリースタイルの和食屋さんだった。今は、キングストリートの「サノヤ・ラーメン」の横にあったヒカルゲンジというスナックが閉店したところに移転し、居酒屋スタイルでリニューアルオープンした。僕はここの大将にとてもお世話になったので、大将亡きあとも、奥さまのケイコさんが続けられているここへ時々顔を見に行く。カウアイ産エビフライ（＄18）、唐揚げ（＄17）、和風ステーキ（＄27）、ゴーヤーの炒め物（＄17）、寿司、丼ものといったメニューは、移転した今も健在。昔ながらのハワイ和食の味わいはやっぱりホッとするなぁ〜。

Ⓐ1785 S. King St.Ⓟ(808) 735-4455Ⓑ17:00 - 21:30（Sun）、11:00 - 14:00,17:00 - 21:30（Mon-Thu）、11:00 - 14:00,17:00 - 24:00（Fri & Sat）Ⓒ無休ⓂP156　17

ハワイの元祖居酒屋といえばここ！

イマナス テイ　［居酒屋］
Imanas Tei

ハワイにこんな本格的な居酒屋ができたかー！と、感動したのは今から20年くらい前のことだったかな。ナスの揚げ浸し（＄6）、タコわさなど、当時では考えられないような料理が出てきて興奮したっけ。数年前、新しいオーナーになり、どうなるかなと思ったけれど、前のテイストをキープしていてうれしかった〜。シーフードの上にマヨネーズと味噌を混ぜたソースをかけてオーブンで焼いたダイナマイト（＄17）は、ハワイの和食屋ではよく見かけるメニューだけれど、ここのソースの味は結構好み。味噌カツ（＄9.50）やチキン塩焼き（＄15）なども安定の味わいだった。それに僕はこのお店のちゃんこ鍋（＄31）が食べたくてちょこちょこ行っていたから、それもちゃんと残っていて、ホッとした。そんなわけで今も週1ペースくらいで伺っている。

Ⓐ2626 S. King St.Ⓟ(808) 941-2626Ⓑ17:00 - 22:00（Mon-Thu）、17:00 - 23:00（Fri & Sat）ⒸSunⓂP157　18

Joy Cup Noodles Mean

ジョイ カップ ヌードル ミーン　[中華料理、四川麺]

ここは"チョンチン"という中国の都市（四川の近く）の麺が楽しめるお店。中国人の奥さんが手作りするモチモチの麺と肉ベースのしっかりした味わいのスープが特徴的。カップルズ・ラング（＄19）というトリッパとチリオイルの麺や、担々麺（＄17）、豚バラ肉の麺（＄17）、ごま風味の汁なし冷麺（＄12）のほか、なぜかダンナさんが監修しているタコライス（＄13）もあるのがおもしろい。僕はどちらかというと、冷たい麺がお気に入り。

A 1608 Kalākaua Ave. **P** (808) 725-2898 **B** 11:00 - 20:30 **C** 無休 **M** P156　19

Fig & Ginger Honolulu

フィグ＆ジンジャー ホノルル　[カフェレストラン]

営業時間帯はどちらかというと、朝ごはんやブランチな感じだけれど、生ハム、ナッツ類、フルーツ、チーズなどを盛り合わせたプレート、F＆Gアンティパスト（＄40）といったワインがすすんじゃうようなメニューもあり。もちろん、トーストしたパンにサーモン、イクラ、サワークリーム、ディル、スクランブルエッグをのせた、ザ・オーシャン・ハウス・トースティ（＄17）や、ワッフルにナテラ、イチジク、ソテーしたバナナをのせたシナモン・ポーチド・フィグ・ワッフル（＄15.50）といったものも。2022年にオープンしたかわいらしい雰囲気のここで、お休みの日は昼からちょっと飲んじゃう！

A 1960 Kapi'olani Blvd. #103 **P** (808) 501-7249
B 8:00 - 15:00 (Mon-Fri)、7:00 - 15:00 (Sat & Sun)
C 無休 **M** P156　20

Cafe Maharani

カフェ マハラニ　[インド料理]

男性2人、女性2人、計4人のインド人の兄弟姉妹が切り盛りしているレストラン。料理は彼らのお母さんのレシピをもとに作られているから本格的なのはいうまでもない。実はここ、本当に長いことハワイで営業している結構老舗のインド料理店。おそらく20年は続いているんじゃないだろうか!?　だから数年前に店内が改装されてよかったと思っているのは僕だけじゃないはず（笑）。でも、なんていったって味がいい！　チキン・ティカマサラ（＄19.99）、ヨーグルトときゅうりのサラダ、ライタ（＄3.99）、チーズ・ナン（＄12.99）はよく注文するもの。個人的に復活してほしいのが、ドライフルーツとナッツのナン。これはおいしかったからもう一度食べたいんだよね〜。

A 2509 S. King St. **P** (808) 951-7447 **B** 17:00 - 20:00 **C** 無休 **M** P157　21

ハワイの
老舗インド料理店

カープ ドリ　［焼き鳥、広島料理］
Carp Dori

広島市長とミーティングのときに、敬意を表して広島カープに
ちなんだここでディナーをした。あとから考えたら、もっとハワ
イっぽい料理のほうがよかった!?と思ったけれども。広島からハ
ワイへ渡った移民の方は結構いて、僕のルーツも前にも書いた
(P7)ようにひとつは広島にある。だから、つい興奮して案内し
てしまったんだよね。ねぎま（＄2.70）や手羽先（＄3.19）などの
ジューシーな焼き鳥はもちろん、ウインナー（＄2.19）やえのき
ベーコン（＄2.70）、広島風お好み焼き（＄13.50）もある！　僕は
マヨ好きなのでいつもお好み焼きにはマヨネーズをかけるけれ
ど、広島の人はお好み焼きにマヨネーズをかけない……。なの
で、かけたかったけれど、礼儀としてかけなかったよ（笑）。

A1960 Kapi'olani Blvd.**P**(808) 949-7872
B11:30 - 14:30,17:00 - 24:00 (Mon-Sat)、11:30 -
14:30,17:00 - 22:00 (Sun) **C**無休 **M**P156 **22**

イリイリ キャッシュ＆キャリー　［ピザ、サンドイッチ］
'ili 'ili Cash & Carry

ローカルや、ハワイに何度も訪れているリピータ
ーなら知っていると思うけど、その昔、アラモア
ナセンターの裏手にあった「ヴィーナス」というク
ラブの入り口の小さな窓口でピザが売られていた
ことがあった。ちょっと怪しい感じだったけど、そ
のピザはすごくおいしくて、あっという間に評判
になり、テイクアウトをしに来る人が絶えない時
期があった。気付いたら「ヴィーナス」自体が閉店
していたけれど、そこのピザ職人だったエーカー
さんが新たにお店をオープン。ベレタニア通りに
ある「フジヤベーカリー」が、ピザとサンドイッチ
のお店になったんでーす！　薄めのモチッとした
生地で、マルゲリータ（＄26）やペパロニ（＄5.75/
スライス）、シンプルなチーズオンリー（＄25）の
ピザがお得意。ホワイトアンチョビとチリペッパ
ーウォーター、トマトがのったラバー・ボーイ（＄
27）なんていうハワイらしいピザもオススメ。サン
ドイッチの具は、ナス（＄18）やイタリアン（＄18）
など、イタリアっぽいものが僕好み。

A2065 S. Beretania St.**P**(808) 367-0606
B11:00 - 19:00**C**Mon & Tue**M**P157 **23**

Morning Glass Coffee
モーニング グラス コーヒー　［カフェ］

マノアに週末行く理由は、週末限定のブランチメニューを食べるためだった。が最近は、毎朝ブレックファストメニューがあるので週末に限らず出かけるようになった。とはいえ、まだ週末限定メニューがいくつかあるので気を抜けないんだけれども。僕がいつもオーダーするのは、マカロニチーズ・パンケーキ（＄15）。その名の通り、パンケーキにマカロニチーズが混ぜ込まれた甘じょっぱいパンケーキ。チーズが溶けてカリカリに焼かれた周りの部分も、スイートなソースとの組み合わせも抜群。これにベーコン（＄2）を追加するのが僕の定番。とにかくここは毎朝長蛇の列。だから急いでいるときは、あきらめるか、シナモン・ブリオッシュ・ロール（＄6）やリリコイ・ローフ（＄3.75）、ストロベリー＆ローステッド・パイナップル・スコーン（＄3.75）などを買い込んでドライブしながら朝ごはんということもよくある。薄焼き卵でポチギソーセージ入りのフライドライスを包んだフライドライス・オムレット（＄14）は週末限定。だから、これが食べたくても週末まで待たなくちゃならないっていうのがここのところの僕の悩みなのさ。

長蛇の列も何のその！
でもたまに誰も並んでないときも

🅐2955 E. Mānoa Rd.🅟(808) 673-0065
🅑7:00 - 14:00（Tue-Fri）、8:00 - 14:00（Sat & Sun）🅒Mon🅜P157　**01**

Zippy's Restaurant
ジッピーズ レストラン　［ファミリーレストラン］

ハワイのファミレス
といえばここ！

1966年創業で、オアフ島でなんと22店舗もあり、おそらくハワイで一番有名だと思われるレストラン。ハワイのセレブ、ブルーノ・マーズやジェイソン・モモアもここが好きだと聞く。料理の見た目はほぼ茶色だけれど、どれもおいしい！　それがローカルフード。チリ・フランク（＄14.95）、チリ＆チキンミックスプレート（＄16.15）、コリアン・フライドチキン（＄16.75）、ワンタンメン（＄10.50）、ポチギ・ビーン・スープ（＄4.30）、チリモコ、オックステールスープ……。子どもの頃から何度も訪れてきたところだから、思い出も、好きなメニューもありすぎて、どれをオーダーするかいつも悩ましい。

🅐1222 S. King St.🅟(808) 594-3720
🅑6:00 - 24:00（Mon-Thu）、6:00 - 2:00am（Fri-Sun）🅒無休🅜P156　**02**

Serg's Mexican Kitchen
サージズ メキシカン キッチン　［メキシコ料理］

ガレージ風のつくりのカジュアルなレストランでいつも食べるのは、ラハス・コン・ケソ（＄11.95）。名前だけ聞くと何だろう!?と思うでしょ。これは、サワークリーム、トウモロコシ、ペッパーのソースをかけたやわらかいナチョスのこと。これがやめられない、止まらない、クセになる味わい。トルティーヤに肉やアボカド、サワークリームをたっぷりかけたフラウター（＄15.95）や、メキシカンライスとチョリソか豚肉をトルティーヤに巻いて食べるカルニタス（＄14.95）も僕のお気に入りです。

🅐2740 E. Mānoa Rd.🅟(808) 988-8118
🅑11:00 - 21:00（Tue-Fri）、10:00 - 21:00（Sat & Sun）🅒Mon🅜P157　**03**

Makiki マキキ

フィースト バイ ジョン マツバラ [プレートランチ]
Feast by Jon Matsubara

アラモアナの「ステージ・レストラン（P41）」や、「アズーア・レストラン（P23）」、ホテル「ハイアット・リージェンシー」内にかつてあった「ジャペンゴ」というレストランなどでシェフをしていたローカルボーイ、ジョン・マツバラさんのお店。僕のお気に入りは、ローカルの間で"KFC"ではなく、"JFC(ジョンのフライドチキン)"と呼ばれている、カリッ、サクッ、フワッが一気に楽しめるフライドチキン（フィースト・デラックスというメニューで、ハンバーガーステーキも付いて$18）。それにクリーミーなファイヤーソースバードというピリ辛アイオリソースをつけて食べるのが最高。ジョン・レチョン（$19）とロブスターロール（$30）もはずせない。以前は、ヘルシーなものが多かったけれど、今はリッチな味わいとボリュームのあるものが増えてきた。色味もほぼ茶色（笑）。だけど、それがおいしい証拠。思い切り食べたい欲が満たされる。

A 2970 E. Mānoa Rd. **P** (808) 840-0488 **B** 11:00 - 14:00,16:00 - 18:00（Tue-Thu）、11:00 - 14:00,16:00 - 19:00（Fri & Sat）**C** Sun & Mon **M** P157 **04**

チョコレア [チョコレート専門店]
Chocole'a

ここはかわいい一軒家のチョコレート専門店。チョコレートをディップしたマンゴー（$5.99/1袋）や、マカダミアナッツチョコレート（$6.49/1袋）、パッションフルーツやハワイアン・シーソルトなどを使ったものなど、ハワイのフレーバーをチョコレートと合わせたものがいろいろ揃う。小さな宝石のようなチョコレートを、誰かのお土産や自分のおやつ用に選ぶのも、食べるのも楽しい時間。ガールズデーにはストロベリー・モチ（$14.99/4個）というトリュフが登場したり、スペシャルのアップルパイやストロベリー大福があるときも。僕のアイデアで生まれたピンクペッパーコーンとハチミツのチョコは毎回必ず買う。12月にはショコラショーも！ トリュフは1個$2.99〜。2個入りボックスは$6.99、今はオンラインで注文してピックアップするスタイルなので、そこだけ注意してね。

A 2909 Lowrey Ave. **P** (808) 371-2234 **B** 10:00 - 17:00（Tue,Thu,Sat）(Mobile pickup on Wed & Fri) **C** Sun & Mon **M** P157 **05**

アンディーズ サンドイッチーズ & スムージー [サンドイッチ、スムージー]
Andy's Sandwiches & Smoothies

マノアに用事を済ませに行くときは、ランチはここで！と、おいしい妄想を膨らませながら車を走らせる。用事とは、奥さんからの「エナジー・バー（$2.75）を買ってきて」という指令（笑）。今は自分で作るようになったけれど、以前はずっとここで買っていたのです。昔からローカルに愛されているこのお店は、いつもお客さんがいーっぱい。まずはお願いされたものを買い、スモークしたアヒの香りととろけたチーズ、スプラウトがたっぷりのオープンサンド、アヒ・メルト（$10.45）をオーダー。これはパパイヤシード・ドレッシングの酸味とちょっとした甘みが素材全体を包み込む絶妙なバランスのサンド。ヘルシーな気分のときはマッシュルーム・メドレー（$9.35）を。おやつ用にアンズのターン・オーバーも持ち帰る。よし、任務完了！

A 2904 E. Mānoa Rd. **P** (808) 988-6161 **B** 7:00 - 16:00 **C** Sat & Sun **M** P157 **06**

バクナム　[ベトナム料理]
Bac Nam

あまり贅沢する余裕がない。でもおいしいカレーが食べたい。そんな日はここでカニ・カレー（＄24.95）！　ライスかパンを選べるんだけれど、僕はここでは断然パン派。外はカリッと中はフワフワのここのパンが最高。いくらでも食べられる。でも食べすぎるとほかのものが食べられなくなるのでガマンしているくらい。興奮して食べていると、カレーがシャツに飛ぶから気をつけて。僕は何度も奥さんに怒られているから。そうそう、ブレイズド・シュリンプ（＄18.95）やグリルド・ビーフ・ショートリブ（＄17.95）もオススメですよ。

金欠時の救世主

A 1117 S. King St. **P** (808) 597-8201 **B** 11:00 - 14:30,17:00 - 20:00
C Sun **M** P156　**07**

サクラ テラス　[和食]
Sakura Terrace

かつてワイキキに「カイワ」というレストランがあって、僕はそこの料理が本当に好きだった。なくなったときはかなりショックだったけれど、ここが新しいオーナーになり、「カイワ」にいたシェフがこちらに移動したと聞き、うれしくて飛び上がった。「カイワ」で人気メニューだったレンコンチーズ焼き（＄9）は、タバスコソースをかけて食べると酸味がチーズを軽くしていいバランスになる一品で、レンコンのシャキシャキ感ともよく合うものだった。それがまた食べられるなんて!!　サラダのオニオンドレッシングや、チキン南蛮（＄16）にかかっているたっぷりのタルタルソースも欠かせない。フワフワ卵の秘密を教えてもらいたい、オムライス（＄15）も〆のマストアイテム。僕は本当にこの方の作る料理が好き。家からも近くなってうれしい。これからもずーっと続けてもらいたいからしょっちゅう行っちゃいますよ〜。

A 1240 S. King St. **P** (808) 591-1181 **B** 11:00 - 14:00,17:00 - 21:00
（Sun,Tue-Thu）11:00 - 14:00,17:00 - 22:00（Fri & Sat）
C Mon **M** P156　**08**

アキラ ジャパニーズ レストラン　[和食]
Akira Japanese Restaurant

日本の「ホテルニューオータニ」で長年シェフをしていたアキラさんが切り盛りする人気和食店。お目当ては、17時半入店限定のアキラ・テイスティングコース（＄60）。前菜、刺身、蒸し物、揚げ物、焼き物までの充実コースが破格の値段で食べられる。お寿司も食べたいときは、懐石スタイルのおまかせコース（＄120）。これは全11品の懐石に、お寿司と、もうひとつうれしいことに、あられを衣にして揚げたロブスターも付いてくる。テイスティングコースに含まれている刻みわさびが添えられた卵豆腐も僕の大好物でいつでも食べたいもののひとつ。贅沢しちゃうときは、ショートリブとウニ（＄13.50）のリッチな味わいのひと皿も追加する。という感じに、あれもこれも食べたくなっちゃう。胃袋がいくつあっても足りないなと、ここに来るといつも思う。

A 1150 S. King St. **P** (808) 376-0928 **B** 11:45 - 14:00,16:30 - 22:00（Mon-Sat）
C Sun **M** P156　**09**

デュードロップ イン　［中国料理、台湾料理］
Dew Drop Inn

中国北部の料理がメインだけれど、台湾料理も結構あるここへは、台湾人の元アシスタントとミーティングがてら来ることが多い。水餃子（＄14.95/12個）のあんは、鶏ひき肉なのでクセがなく、やさしい味わい。そしてジューシー。皮のモチモチした食感もたまらない。裏メニューの、ピタパンの中に豚ひき肉と野菜を入れて食べるセサミブレッド・ポケット（＄17.95）やパリパリの皮が香ばしいハーフ・クリスピー・ダック（＄22.95）などもよくオーダーするもの。食べてみてほしいメニューがたくさんで困っちゃうよ！

🅐1088 S. Beretania St.🅿(808) 526-9522🅑16:00 - 21:00🅒無休🅜P156 **10**

モリオズ スシ ビストロ　［寿司］
Morio's Sushi Bistro

前から行きたかったここへ行けたのは、かれこれ3〜4年前のこと。とにかくこのお店は人気で予約が取れなかった。だから、誰かが予約を取っているとラッキー！っていう感じだった。今は移転して、お店が広くなり、少し予約も取りやすくなってうれしい限り。オススメはおまかせコース（MP）。コースには、たいてい茶碗蒸し、サラダ、生牡蠣ポン酢、アワビや金目鯛炙りのにぎり寿司、イクラ丼、カニとトビコの味噌汁などが含まれていて、あとは季節のものが盛り込まれてくる。何といってもコスパがいいし、やさしい大将からたまにおまけの料理が出てきたりするのも楽しい。プラスアルファするときは、ハマチ・カマ（＄22/Mサイズ）やウニ軍艦（＄16.95/1貫）なども欲張りにオーダー。大将自ら魚をおろすことから始まる丁寧な仕事ぶりが感じられる寿司と料理には毎回感動。ここにいると、口の中はいつもとろけっぱなしなのだ。

🅐1150 S. King St. #103🅿(808) 596-2288🅑18:00 - 22:00
🅒Sun,Wed🅜P156 **11**

ゴールデン ダック レストラン　［中華料理］
Golden Duck Restaurant

ザ・ローカルテイスト、
チャイニーズ、ここにあり

ここはローカル好みのチャイニーズレストラン。シンプルで、味が濃いめでボリュームがあって盛り付けも豪快！　わが家はよく家族のバースデーパーティーで訪れる。先日もおばあちゃんの妹のバースデーをお祝いしたばかり。蒸しパンのようなパンに北京ダックと、とろっとしたソースもたっぷりサンドされた北京ダックパン（＄30.95）や、蒸したスズキの上に、しょうがとネギをのせ、熱々のピーナッツオイルをまわしかけるひと皿（＄18.95）などは、よくオーダーするもの。うちの奥さんが好きなウォールナッツ・シュリンプ（＄21.95）もオススメ。僕が好きなガウジー麺（＄12.95）は、チャーシューと野菜にさらに揚げ餃子までのった豪快ヌードル。グレービーソースがかかっているけれど、さらに辛子醤油をつけて食べるのがいい。ここは、そんな超ローカルテイストを大人数でワイワイと食べるのがよく似合うところ。やっぱり中華はこうでなくちゃね。

🅐1221 S. King St.🅿(808) 597-8088🅑10:30 - 21:00🅒Mon🅜P156 **12**

Kailua / Kāne'o

カイルア / カネーオ

Sean's Hawai'i Ultimate Dining Guide 366

昔のハワイを思い出す緑あふれるナイスビュー

ハレイワ ジョーズ アット ハイク ガーデンズ ［アメリカ料理］

Haleiwa Joe's at Haiku Gardens

ずいぶん前に友人のウェディングのロ
ケーションをチェックしに来たのが、こ
こだった。そう、ここは昔、「ハイク・ガ
ーデン・レストラン」という名で、その名
の通り、ハイク・ガーデンという緑あふ
れる敷地内に立つレストランだった。そ
れをそのままに受け継いだのが今のこ
のお店というわけ。古き良きハワイとト
ロピカルなイメージの店内と眺めを堪
能に、それ以降、ママと夕方一緒にプ
プを食べに行ったりするところになった
（ママの家はすぐ近く！）。よくオーダー
するのは、わさびアイオリソースで食べ
るブラック＆ブルーアヒ（＄19.95）とシ
ジリング・マッシュルーム（＄14.95）、そ
れにプライムリブ（＄49.95）やエスカル
ゴ（＄17.50）。このナイスビューを眺め
ながらの食事はとにかく最高なのです。

Ⓐ46-336 Haiku Rd., Kāne'ohe
Ⓟ(808)247-6671Ⓑ16:00 - 21:00
Ⓒ無休ⓂP155 01

ネネ グース ベーカリー ［ベーカリー］
Nene Goose Bakery

"ネネ"とは、ハワイ州の州鳥のこと。カイルアにあるこのパン屋さんは、日本でもお馴染みのパン屋さん「サンジェルマン」のハワイ支店で働いていた方が独立してオープンしたところ。シナモン・クリーム・チーズ・ロール（＄3）や、もっちりした食感のバター・フレイク・ロール（＄2.50）、マラサダ（＄2.50）、チョコ・シナモン・ロール（＄3）、小さいモチが入ったモチあんぱん（＄3.90）などが僕のお気に入り。ローカルに大人気のお店なので、売り切れることもしばしば。なるべく早い時間に行くことをオススメします。

A 1090 Keolu Dr., Kailua **P** (808)262-1080 **B** 6:00 - 13:00 **C** Mon-Wed **M** P155 **02**

イージー キュー ［バーベキュー］
Easy 'Que

カイルアの大人気朝ごはんレストラン「オーバー・イージー」のオーナーが2019年5月にオープンしたローカルテイストなレストラン。ここは、ブリスケットやカルア・ポーク（＄18）に合わせるソースが決め手！　トマトベースのバーベキューソースと、リーヒンムイ系の甘酸っぱいクラックシード、それに僕のオススメの、香菜の香りがいいピリ辛のカイルア・グリーン・ソース……の、3種。僕が、唐揚げと、ボリュームたっぷりのリッチなブリスケット・ロコモコ（＄21）に合わせるのは、カイルア・グリーン・ソース。まずはスモークドライ・ブリスケット（＄26）を3種のソースで試してみてお気に入りを見つけるのも手だよ。

A 767 Kailua Rd. #106, Kailua **P** (808)762-3089 **B** 11:00 - 15:00,16:00 - 20:00(Wed & Thu)、11:00 - 15:00,16:00 - 21:00(Fri)、9:30 - 15:00,16:00 - 21:00(Sat)、9:30 - 19:00(Sun) **C** Mon & Tue **M** P155 **03**

パチ ビストロ ［イタリア料理］
Baci Bistro

ワイキキトレードセンター内と、カイムキにお店があったイタリアンレストランが、ひとつになってカイルアにお引っ越し。ママとディナーするときにいいところができた！と喜び合った。ここは料理も、お店の雰囲気もチャーミング。僕らはパスタよりもサフラン風味のシーフードリゾット（＄26.95）やクリーミーなトリュフソースのニョッキ（＄26）がお気に入り。前菜には洋梨のサラダ（＄10.95）、メインにはマルサラ酒のチキン（＄23.95）をよくオーダーする。コースじゃなくて単品でいろいろオーダーできるのも気楽でいいんだよね。

A 30 Aulike St.,Kailua **P** (808)262-7555 **B** 17:30 - 21:00 **C** 無休 **M** P155 **04**

The Boardroom

> カクテルも、
> フードもまかせなさい！

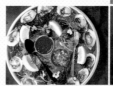

カクテルバーというと、カクテルはおいしいけれどフードが残念……ということが往々にして起こる。が、ここはフードも充実！　安心して、飲んで食べられるバーなのだ。だって、プレフ・プライムリブ（＄45）だなんていう素敵なメニューまで出てくる！　いよいよバーもここまで進化したか、と感心しちゃった2022年だった。もうナッツやドライフルーツをポリポリ食べる時代はとうの昔に終わっていた。まずはビーツをカルパッチョ仕立てにして山羊のチーズと合わせた前菜（＄16）からスタートし、シャリュキュトリーが盛り合わされたボード（＄32）や、豚バラ肉を肉まんのような白いバンズで挟んで食べるポークベリー・バオ・バンズ（＄18）といったボリュームのあるものへ。カクテルといってもこれまた手の込んだ組み合わせがいろいろで、この間僕が感動したのは、スイカのマルガリータにチリを組み合わせたメロン・マルガリータ（＄17）。甘みの間に時々やってくるピリ辛がなんとも絶妙。カクテルとフードの組み合わせ、ぜひとも体験してみてほしい。

Ⓐ44 Kainehe St.,KailuaⓅ(808)807-5640Ⓑ9:00 - 13:00(Sun)、17:00 - 22:00(Wed & Thu)、17:00 - 23:00(Fri)、9:00 - 13:00,17:00 - 23:00(Sat)ⒸMon & TueⓂP155 05

Casablanca

忙しくて旅に出かけられないとき、ここを訪れるとモロッコにトランスポートしたような気分になっていい。なぜならここは、料理はもちろん、内装も、雰囲気もすべてがモロッコ！　僕がオーダーするのは4品＋デザートのコース（＄54.50）。トマトとレンズ豆のハリア・スープ、フムスやナスのディップのサラダ、ババガヌーシュ、ラムのタジンなど、ひと通り料理を満喫したあとは、オレンジの花の蒸留水を僕らにやさしくシュッシュッと吹きかけてくれてコースが終了となる。しかもこのリーズナブルな価格！　そして本格的な味わい。タウンからほんの少しドライブするだけで、なんともエキゾチックな体験ができるレストランなのだ。

Ⓐ19 Hoolai St., KailuaⓅ(808)262-8196Ⓑ18:00 - 20:30ⒸSun & MonⓂP155 06

Cafe Kopi
カフェ コピ　［シンガポール料理、カフェ］

シンガポールからハワイに引っ越ししてきたご夫婦が切り盛りする
ここは、シンガポールの人気麺"ラクサ"をみんなに食べてもらいた
い！　知ってほしい！　という想いから生まれたところ。その言葉通
り、ココナッツとチリの香りのスープもいい、ハワイNo.1ラクサ（＄
18）が食べられる。下にコンデンスミルクが入ったシンガポールコピ
（＄6）と呼ばれるトラディショナルなシンガポールのコーヒーと一緒
に、ココナッツとウル（パンの木）をのせたカヤトースト（＄8.50）、ブ
ランデー・チョコレート・ムース・ケーキ（＄7.50）、ビーガンシナモン
ロール（＄6.50）などを頬張りながらのんびりティータイムするのも
いいところ。そうそう、ラクサは週末限定メニューなので間違えない
ようにね。

僕の大好きなラクサが食べられるところ

Ⓐ45 Kihapai St., Kailua Ⓟ(808)262-9050Ⓑ6:30 - 14:00(Tue-Thu)、
6:30 - 16:00(Fri-Sun)ⒸMonⓂP155 **07**

Boots & Kimo's
ブーツ＆キモズ　［カフェ］

一番人気はマカダミアナッツソースがとろりとかかった、あのパンケーキ（＄18.
99）。パンケーキもいいけれど、僕はこのソースでフレンチトースト（＄15.99）を
食べるのも好き。ローカルにも人気で、最初のお店の前にはよく行列ができてい
たっけ。僕は大学生の頃から通っていたあのこぢんまりとしたロケーションが大
好きだった。数年前、近くに移転してスペース的に大きくなった。と思ったら、
今度はカイルアから少し離れたエンチャンテッド・レイクセンターという湖の近
くに移転し、以前よりは少しこぢんまりました。辛いもの好きな僕は、甘いもの以
外にハラペーニョペッパーとサルサのオコレハオ・オムレツ（＄16.95）にフライド
ライス（＄1.95）をプラスしたものや、リッチなクリームソースのシュリンプ・アル
フレッド（＄23.95）もよくオーダーする。次はどこへお引っ越しするのかな〜!?

Ⓐ1020 Keolu Dr., Kailua Ⓟ(808)263-7929
Ⓑ8:00 - 13:00(Mon , Wed-Fri)、8:00 - 14:00(Sat & Sun)ⒸTueⓂP155 **08**

Adela's Country Eatery
アデラス カントリー イータリー　［プレートランチ］

筋肉をつけたい人たちが集まるカフェを経営していたオーナーが新しい
コンセプトでオープンしたパスタのプレートランチ店。まず、わさび科の
植物でスーパーフードともいわれているモリンガのパスタや、タロイモパ
スタ、ウル（パンの木）パスタなどのベースとなる自家製生パスタ（各＄13.
99）を選び、次にガーリック・バターやココナッツ・クリーム（各＄1.79）な
どから好みのソースを決める。で、最後にポートベローマッシュルームや
エビ、ナス、チキンなどのトッピング（各＄4.99〜11.99）を合わせてオリ
ジナルのカスタムパスタをオーダーするという一風変わったスタイル。そ
もそもは、出張に出かけたオーナーが日本で自家製パスタマシーンを入
手したことから自家製パスタシリーズが始まったのだとか。これがなかな
かにヘルシーだし、ハワイっぽくもあるんだから、なんかいつもこのオー
ナーはさすがなんだよね〜。

Ⓐ45-1151 Kamehameha Hwy. #2, Kāne'oheⓅ(808)236-2366Ⓑ10:30 - 20:00
ⒸSunⓂP155 **09**

古き良きハワイに想いを馳せ

ワイアホレ ポイ ファクトリー　[ハワイ料理]
Waiahole Poi Factory

正直、ポイ（タロイモの球茎をつぶして水を加え、発酵させたポリネシアの主食）は、そんなに得意じゃなかった。でも、ここは別。クリーミーでほんのり甘くてとにかく口に合った。だから「クアロア・ランチ（下）」に食材の研究も兼ねて買い物に行くときは必ずここへ寄ってハワイアンフードを食べる。特に5月1日のメーデーは、ハワイにとっては、ハワイの文化継承の意を込めて親しい人にレイを贈るレイデーでもあるので、そういうときにはより古き良きハワイに想いを馳せつつ、ここでカルアポークとラウラウのプレートランチ（＄13）を食べる。デザートにはタロイモとココナッツミルクを合わせたクロロ（タロイモを使ったハワイの伝統的なスイーツ）にアイスクリームを組み合わせたデザート、スイート・レディ・ワイアホレ（＄6.50）も忘れずに。

Ⓐ48-140 Kamehameha Hwy., Kāne'oheⓅ(808)239-2222Ⓑ10:00 - 18:00
Ⓒ無休ⓂP155 10

マウイ ブリューイング カンパニー カイルア　[アメリカ料理]
Maui Brewing Co. Kailua

時々、無性にここのナチョス（＄17）が食べたくなる。もちろん、ハワイのクラフトビールと一緒に（僕の場合、だいたいはルートビアだけれども）。このお店の支店はワイキキにもあるけれど、カイルア店ののんびりした感じが僕の好み。さまざまな国のカルチャーが合体したフリフリ・グレーズとランチ・ドレッシングとともに食べるチキン・ウイング（＄18）やハラペーニョ・ベーコン・バーガー（＄19）もビールによく合うメニューですよ。

Ⓐ573 Kailua Rd. #105, KailuaⓅ(808)518-2739Ⓑ11:30 - 21:00
(Mon-Thu)、11:30 - 22:00(Fri) 10:00 - 22:00(Sat)、
10:00 - 21:00(Sun)Ⓒ無休ⓂP155 11

クアロア ランチ　[シーフード、チョコレート]
Kualoa Ranch

アメリカの雑誌の取材で訪れたハワイの北東部にあるこの牧場で、昔のハワイアンフィッシュポンド（養殖池）のスタイルで牡蠣（＄24.99/ダース）を育てていることを初めて知った。そして、カフェ内でいただいた海の香りとスイカのようなフレッシュでクリーンな香りのオイスターの旨みに驚いた。その後、この地でカカオを育て、それでオリジナルのチョコレートを仕立てていることも知った。ワインにも合う大人の味わいのチョコレートがハワイの地で育ったカカオで作られているとは！　僕的にはコーヒーとミルクチョコレート、カカオニブを合わせたライズ＆シャイン（＄10）がバランス的によかった。ほかにも、この地で育った卵（＄10/ダース）や、パパイヤ、リリコイなどのフルーツ、牛や豚などの肉を使ったジンジャー味噌ソーセージ（＄8.99）、グラス・フェッド・リブアイ（＄15.99/パウンド）などさまざまな食材が手に入るので、たまにドライブがてらフレッシュな食材を調達しに行くようになった。ハワイメイドのものたちは年々、自然に敬意を表した熱いものが作られるようになったなぁ。ここは、その代表的存在。コンドミニアムに滞在の方はぜひ食材を（週によってはないものもアリ）！　カフェではその食材を使ったものが食べられますよ。

Ⓐ49-560 Kamehameha Hwy., Kāne'oheⓅ(808)237-7321Ⓑ7:30 - 16:30Ⓒ無休ⓂP155 12

Japan Airlines In Flight

日本に滞在しているときは、大好きな日本食が食べられる絶好のチャンス。なので、ランチ、ディナーともに欲張って2回ずつとることにしている。だからいつもお腹がいっぱい。しかも、帰りは空港でも日本を惜しんで日本食を食べちゃうので、さらにお腹はパンパン。だけれど、機内には機内のお楽しみが待っている！そう、それは機内食。

JALの機内食は、スターシェフたちや人気のお店とコラボしていて話題に事欠かない。だから、眠たいけれども食いしん坊な僕はワクワクを抑えきれず、起きたまま機内食が出てくるのを待つ。万が一のことも考えて、キャビンアテンダントさんに寝ていたら必ず起こしてください、とお願いもしておく。寝てしまって、前のシートに「お目覚めですか？」とシールが貼られているときほど、やってしまった〜！と、頭を抱えることはない。たとえ知らない人同士とはいえ、おいしいタイミングはみんなと共有したいからね。

機内ではあまりお酒を飲まないことにしている僕のお楽しみは、スカイタイム（JALオリジナルのソフトドリンク）。キウイ味も好きだったけれど、一番気に入っているのは柚子味だった。今はももとぶどう味。先日、日本に行く機内でこちらもおいしくいただいた。たまにお酒を飲むときは、スカイタイムにスパークリングワインを合わせた、スカイロワイヤルをオーダーしている。アップグレードしたときは、うどんですかい（JALオリジナルのカップうどん）もお願いしちゃう。

今、ハワイ便はミシュラン三つ星や、アジアのベストレストラン50で"サスティナブルレストラン賞"を受賞するなど注目の「レフェルヴェソンス」の生江史伸シェフや狐野扶実子シェフによるメニューが味わえる。先日、偶然にも「レフェルヴェソンス」のPRの方とハワイで食事する機会があり、いろいろお話を伺い、ますます空の上での食事が待ち遠しくなった。旅の楽しみが飛行機の中まで続くって、うれしいよね。

https://www.jal.co.jp

Chinatown
チャイナタウン

何を食べてもパーフェクト！

フック ラム シーフード レストラン ［中華料理、飲茶］
Fook Lam Seafood Restaurant

日曜日に中国人の友人とブランチ、となると広東風の飲茶屋さんであるここに
出かけることが多い。テーブル間隔がギュッと詰まった相席に案内され、僕も
ギュッとなって座る。そもそも僕は相席があまり得意ではない。でも、店員さ
んはそんなことお構いなし。そう、ここはみんなでギュッとしながら、人の勢
いを感じつつ食べるのがいいお店。何を食べてもおいしいけれど、プリプリの
エビをつるんとした皮で包んだエビ蒸し餃子（＄4.95）と、ほんのり甘い皮に包
まれた卵あんのクイックサンド・バン（＄9.45）、干し貝柱入りXO醬のソースが
かかった大根モチ（＄9.95）、チキンとフィッシュボールが入ったお粥、ジュッ
ク（＄9.45）はマスト！　〆は、お店ではマラサダと呼ばれている、ごまをまぶ
して揚げたドーナッツ（＄4.95）をぜひ。

🅐 100 N. Beretania St. 🅟 (808) 523-9168 🅑 8:00 - 14:00 🅒 無休 🅜 P159 01

/Downtown ダウンタウン

ラングーン バーミーズ キッチン ［ミャンマー料理］

Rangoon Burmese Kitchen

スタイリッシュな雰囲気のここは、ユニバーシティにあるミャンマー料理店「ダゴン（P107）」の姉妹店。見た目にも華やかで、ヘルシーなティーリーフ・サラダ（＄16）は、ここの看板メニューで、発酵した茶葉とナッツ類を混ぜ合わせて食べるヘルシーなもの。僕が好きなのは、同じようなスタイルのジンジャー・サラダ（＄15）で、こちらのほうがちょっぴり辛くてパンチがある。ほかにも、葉に巻いて蒸した魚を香味野菜やトマトなどと食べる、ミャンマー北部の村の郷土料理カチン・ホール・フィッシュ（＄28）や、ラム肉とカシューナッツがたっぷりのビリヤニ（＄25）、フィッシュチャウダーのライスヌードル"モヒンガー"（＄17）など、魅力的なメニューがいろいろ。だからいつもどれを食べようか迷っちゃうんだよね〜。

Ⓐ1131 Nu'uanu Ave. Ⓟ(809) 367-0645 Ⓑ11:00 - 14:00, 17:00 - 22:00
ⒸSun Ⓜ P159 02

ポッドモア ［ニューアメリカン］

Podmore

「セニア（P125）」のシェフ、アンソニー・ラッシュさんがオープンしたここは、朝はブレックファースト＆ブランチ、夕方以降はおつまみとともにカクテルを楽しむカクテル・バー。イギリス出身のシェフが作る料理と空間は、ロンドンにあるおしゃれなサロンのよう。クリスマスの日の朝、冷蔵庫にあるもので作ったことからその名がついたクリスマス・ブレックファースト（＄24）は、ロスティ（じゃがいものパンケーキ）に、ポーチドエッグ、スモークサーモン、ブラウンバターのオランデーズソースを重ねたもの。リッチな味わいがとっても僕好み。チャーミングなバックストーリーもとってもいい〜。ほかにも、スコッチエッグの下にマッシュルームシチューを敷いてブルーチーズをちらしたビアー・バタード・クリスピー・エッグ（＄20）をはじめ、スモーキーな香りがふわっと鼻先をくすぐるスモーク・スフレ・パンケーキ（＄20）、ペストリーのようなバタービスケットの間にハーブがきいたフライドチキンをサンドし、トリュフ・グレービーソースとともに食べるひと皿（＄24）など、驚きの卵料理が続々。サンクスギビングのときのスタッフィングのようなハーブの味がするバンズに、カリカリの豚バラ肉とアップルソース、玉ねぎのピクルスをサンドしたロースト・ポーク・バン（＄8）は、ジューシーな豚肉とピクルスの酸味のバランスがいい感じ。バンズのグリーンと玉ねぎのピンクの見た目もキュート。チュロスの上にキャビアとホワイトチョコレートがのったキャビア・チュロ・スイート（＄38）は、ほんのひと口で儚く消える、けれども口の中に残る幸福感が半端ない小さなおつまみ。これにトリュフも追加できる。が、なんとひと口で＄38！　だから、さらに追加だなんてそうそうできない！　でもいつかやってみたい！と思っている。こうしてお気に入りメニューを挙げていくとキリがないくらい、味も仕立てもエンターテインメントに満ち満ちた料理が満載。カクテルもまるでショーのような楽しい組み合わせがいろいろだから、朝、夜それぞれのおいしさを楽しみに行ってほしい。

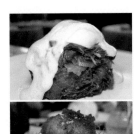

Ⓐ202 Merchant St.
Ⓟ(808) 521-7367 Ⓑ9:00 - 13:30,
17:00 - 22:00(Sun)、9:00 - 13:00,
16:30 - 23:00(Wed-Fri)、9:00 -
13:30,17:00 - 23:00 (Sat)
ⒸMon & Tue Ⓜ P159 03

PAI Honolulu

パイ ホノルル　［ニューアメリカン］

香港の三つ星レストランで働いていたシェフが、ハワイでイタリアンのお店を経て独立。単品もいいけれど、いろいろ味わいたいなら4品コースのテイスティングメニュー（＄95）か、シェフズ・テイスティングメニュー（＄185）がオススメ。僕のお気に入りは、大根モチの揚げ出し。揚げた大根モチに、メアジとティーリーフのだしスープを注いだ手の込んだもの。肉の味わいがより色濃く感じられる90日間エイジングしたニューヨークストリップ・ステーキは、キノコのピュレと赤ワインソースとともに。シェフの料理はひとつひとつのパートがとっても凝っている。しかも、どれもこれもものすごく考え抜かれた組み合わせによって生み出される料理なんです。

Ⓐ55 Merchant St. #110Ⓟ(808) 744-2531Ⓑ17:00 - 22:00ⒸMonⓂP159 04

Maguro Brothers

マグロ ブラザーズ　［刺身、海鮮丼、デリ］

東京・築地の市場で働いていた、魚をよく知る兄弟が切り盛りするお店。カジュアルでクオリティが抜群のここは、チャイナタウンからスタートし、今はチャイナタウンのお店の営業が終わるとワイキキ店をオープンするというおもしろいスタイルでやっている。僕の定番オーダーは、中トロ、赤身、ハマチ、キングサーモンなどが豪華に盛り合わされた中トロ・アップグレード・チラシ（＄16.50）か、醤油オニオン・アヒ・ポケ・ボウル（＄11.94）。頑張った日や疲れが激しいときは自分にご褒美ってことで、これにウニをプラス（＄6.95）する。

Ⓐ1120 Maunakea St.Ⓟ(808) 259-7100Ⓑ9:00 - 14:30ⒸSun
ⓂP159 05

O'Kims

オー キムス　［韓国フュージョン料理］

フードライター仲間のプーコさんとはリサーチも兼ねてちょくちょく一緒にごはんに出かける。彼女がPRを担当するここは、オープン当初は正統派の韓国料理をメインにしていたけれど、今は、フレンチ、イタリアン、和食を経験してきた釜山出身のシェフの料理がどんどんパワフルに変化してきている。マンスリー・スペシャルで初めて食べた、たくあんと醤油のジュレがかかったエリンギとトリュフのヴィーガン・マンドゥー（＄9.95）や、シグニチャーメニューのビビンバ、コンフィにした豚バラ肉のブリュレ（＄17.95）、それからキムチの盛り合わせプレートなど、思いもよらない素材の組み合わせによる新しい味わいの料理が揃う。化学調味料を一切使用していないというのも、今の時代にマッチしている。夜はBYOB（お酒の持ち込み可能）というのも、うれしいポイント。

Ⓐ1028 Nu'uanu Ave.Ⓟ(808) 537-3787
Ⓑ11:00 - 15:00, 17:00 - 21:00ⒸSunⓂP159 06

セニア ［ニューアメリカン］
Senia

今もなお予約が取りにくい大人気店。イギリス出身の
シェフは、イギリスやニューヨークのミシュランレスト
ランで腕をふるっていた方で、意表をついた素材の組
み合わせや味付けなどにいつも驚かされている。葉巻
のように仕立てた中にはマグロ、両脇には刻みネギを
あしらったスモークド・アヒ・シガレッツ（＄7）や、カリ
フラワーにトリュフを合わせたクリーミーでリッチな
グラタン（＄12）、ハチミツバターとともに食べるコー
ンブレッドで作ったマドレーヌ（＄12）など、目にも舌
にも楽しい料理が続々。なかでもホットスモークした
キングサーモンを、ディル、サワークリーム、きゅう
り、フルーツゼリーとともにワッフルにのせて食べる
料理（＄88/2〜4人分）は、ここ最近出てきた料理のな
かでもかなりワオ！と思った逸品だった。本当、いつ
訪れても飽きることのない味わいと驚きを持続してい
ることに感動！

Ⓐ75 N. King St. Ⓟ(808) 200-5412 Ⓑ17:30 - 21:30
Ⓒ Sun & Mon Ⓜ P159 `07`

シン チョン ユアン ［中華菓子］
Sing Cheong Yuan Bakery

チャイニーズ・ニュー・イヤーのときは、昔からなんとな
くこの中国系のパン屋さんに足が向く。砂糖をかけた豆
や、ごまをまぶしたキャラメルのような、ピーナッツ・キ
ャンディ（＄6.25/Box）、マカダミアナッツ・キャンディ
（＄7.25/Bag）といった甘い系はもちろん、チマキ、チャ
ーシュー・マナプア（＄2.45）といった飲茶、豚肉の代わり
にモチ米が入っているモチ・シュウマイ（＄1.45）などを
詰め合わせてもらい、家族のおやつ用に持ち帰る。つい
でに食べるラー油も買う。そうそう、最近僕の中で復活
してきたのは、カスタードタルト（＄1.85）。ここのが好き
だったことを思い出して、また買うようになった。

Ⓐ1027 Maunakea St. Ⓟ(808) 531-6688 Ⓑ7:00 - 17:00 Ⓒ無休
Ⓜ P159 `08`

マーフィーズ バー＆グリル ［アイリッシュパブ］
Murphy's Bar & Grill

アイルランドの祝祭日、セントパトリックデーは、ダウンタウンで大きなブロックパーティーがある。そんな日はアイリッシュパブへ行ってコーンドビーフ＆キャベジ（$22.50）や、エリザベス女王も大好物だったと聞くゲーリックステーキ（$29）を食べる。初めて聞いたときは"ガーリックステーキ"!?だと思った。"ゲーリック"とは、ケルトのことで、スコットランド風やアイルランド風ということ。たっぷりのバタークリームソースがかかった濃厚なステーキはとっても僕好み。それにラム肉と野菜にマッシュポテトをかぶせて焼いたシェパーズパイ（$22.50）も欠かせない。合わせるビールは、ペールエールとスタウトのハーフ、ダーク＆ターンか、チョコレートのような味わいのギネスのスタウトを！

A2 Merchant St.**P**(808) 531-0422**B**11:00 - 20:00（Mon-Thu）、11:00 - 21:00（Fri）**C**Sat & Sun**M**P159 **09**

バーガーズ オン ビショップ ［ハンバーガー］
Burgers on Bishop

ここの、マッシュルームとマスタード系の濃厚なソースがジューシーなパテに旨みをオンした和牛ウィズ・マッシュルーム＆オニオンバーガー（$14）が僕は大好き。ネイバーアイランドのひとつ、ニイハウ島のラム肉を使ったスペシャルメニューのバーガー（$16）は、ベーコン・アップル・メープルのコンポートがラムのクセを和らげ、旨みを引き出し、いいアクセントを加えたチャーミングな味わい。新しいオーナーになり、メニューがいろいろ変わってしまうかな〜と、ちょっぴり心配だったけれど、雰囲気も味もしっかり引き継いでいてうれしかった。ハンバーガーのおともには、ガーリック＆トリュフ・フライ（$6.50）も忘れずに。

A745 Fort St.**P**(808) 586-2000**B**9:00 - 14:00（Mon-Thu）、9:00 - 20:00（Fri）**C**Sat & Sun**M**P159 **10**

変わり種もベーシックも、どちらも美味

ヤキトリ ハチベイ ［焼き鳥］
Yakitori Hachibei

2017年にオープンしたダウンタウンの人気焼き鳥屋さん。前菜のクリームチーズ豆腐の味噌漬け（$9.60）は、焼き鳥とは関係ないけれど好みの味でよくオーダーする。焼き物は、ももやささみといったベーシックなものに加え、鶏むね明太マヨ（$4.90）、豚バラネギポン酢（$4.80＋$0.50）、牛肉をすき焼きのタレにつけて焼いた特製串、カマンベールの串焼き（$6.90）など、ひと味違う変化球の焼き鳥＆串焼きが楽しめる。〆はチキンラーメン（$14.90）。これがまたうまいんだ！

A20 N. Hotel St.**P**(808) 369-0088
B17:00 - 22:00**C**Sun & Mon**M**P159 **11**

子どもの頃を思い出す、なぜかホッとする味わい

オールド スパゲティ ファクトリー　[アメリカ系イタリア料理]

Old Spaghetti Factory

新聞関係のフードライターとシークレットディナー。行き先は、ファミレス的アメリカンパスタのお店。子どもの頃、店内にある電車の中の席で食べるのが好きだったここは、楽しい記憶しかない。今もそのチャーミングな雰囲気を残すここで僕がよくオーダーするのは、羊と山羊のチーズと焦がしバターの濃厚な味わいのミチトラチーズ＆ブラウンバターのパスタ（$20.99）。これに、あえてピザのようなシチリアン・ガーリック・チーズ・ブレッド（$8.99）という濃厚な組み合わせを楽しむ。リッチなクリームソースで食べる、クラブ入りのラビオリ（$23.50）も僕にとっては心を落ち着かせる懐かしい味わい。わかってほしいのは、これがアメリカのパスタの味なのだ。だから、フードライターとしてはどうかなと思いつつも、イタリアンのパスタとは違うということも承知で、時々、無性にこれらが食べたくなるのだ。

A 3 Aloha Tower Dr. #1106 **P**(808) 591-2513 **B**11:00 - 21:00（Sun-Thu）、11:00 - 22:00（Fri & Sat）**C**無休 **M**P159 `12`

ジョリーンズ マーケット（ダ バター ロブスター）　[ロブスターロール専門店]

Jolene's Market (Da Buttah Lobster)

ダウンタウンにあるちょっと不思議なフードコート。オススメのお店がいくつかあったけれど、今はこのロブスターロールのお店だけになってしまった（悲しい）。まず絶対食べるのはロブスターの甘い味わいとバターの風味で口の中が幸せに包まれる、バター・ロブスター・ロール（$22）。ロブスターがたっぷり入ってこのお値段っていうのがすごい！　お腹がすごくすいているときは、バターガーリックの風味が食欲を満たす、スパイシー・ソーセージ・ロール（$8）も食べちゃう！

A100 N. Beretania St. **P**(808) 540-1000
B10:00 - 17:00（Mon）、10:00 - 20:00（Tue-Sun）**C**無休 **M**P159 `13`

ザ ダレイ　[ハンバーガー]

The Daley

僕はグラス・フェッド・ビーフはあまり好きじゃないけれど、ここのハワイ産のグラス・フェッド・ビーフパテは好き！　ギュッとつぶしてカリッと焼いた食感もいいし、ジューシー。ここのハンバーガー（$8.50）は、ビーフパテとチーズくらいで、レタスもトマトもなしの超シンプルなスマッシュバーガー。だからこそバンズとパテの存在は重要。直球勝負の味わいは想像以上だったというわけ。メニューも、ハンバーガーのパテが1枚か2枚かを選ぶくらいであとはフライドポテト（$5）っていう潔さもいい。

A1110 Nu'uanu Ave. **B**11:00 - 18:00（Sun）、11:00 - 20:00（Mon-Sat）**C**無休 **M**P159 `14`

フォートーチャウ ［フォー専門店］
Pho To Chau

かなり前から気にはなっていたんだけれど、いつ見ても、何年も、お店の前には順番を待つ長い行列が絶えなかった。並ぶのが苦手な僕にはハードルが高すぎると半ばあきらめていたが、ある日、ふと意を決して並んでみた。八角やシナモンなどのスパイスが香るビーフスープといい、ツルッとした食感の麺といい、絶妙のバランスのフォー（＄10.99）だった。そして、どうしてこんなにも行列ができていたのかがよくわかった日でもあった。以来、僕もちゃんとお行儀よく行列に並んでいる。

A 1007 River St. **P** (808) 533-4549 **B** 9:30 - 14:30 **C** 無休 **M** P159 `15`

オパールタイ ［タイ料理］
Opal Thai

ハレイワにあったタイ料理店がダウンタウンに引っ越してきたのはかれこれ4～5年ほど前のこと。僕はこのお店のパッタイが大好き。だけれど、ここは、メニューがあってないようなもの。なぜなら、オーナーがお客さんにオススメしたい好きな料理が、自由に出てくるから。でもおいしいから、そんなスタイルもまぁいいかなと僕は思っている。ナンプラーを煮詰めて、ハチミツのようにねっちりとした食感がおいしいチキンウイングはとっても好きな味なんだけれど、手がベタベタになるのが悩みどころ（僕は手が汚れるのが苦手なんです）。それでもこれが出てくると、うれしくてムシャムシャ食べてしまう、それくらい好きなメニュー。フィッシュケーキや、スープ麺もいろいろあるので、メニューがなくとも好みを言うと近いものが出てくるのも、なんだか楽しめるようになってきた。何度も通い、常連になるとたまにリクエストのものを出してくれるときも。そういうことも楽しみながら、このスペシャルな味わいとシチュエーションを楽しんでもらえるといいと思う（値段はすべてMP）！　そうそう、オーナーは遅刻にとっても厳しいので、予約時間に絶対に遅れないようにね。

A 1030 Smith St. #6 **P** (808) 381-8091 **B** 17:00 - 22:00
C Sun & Mon **M** P159 `16`

ジェイドーランズ ［ピザ］
J. Dolan's

友達といろいろなレストランのハッピーアワーを楽しみながらバーホッピング。最後に向かったここは、ピザとビールがおいしいところ。ペパロニソーセージ、ブラックオリーブ、サラミなどがのったジャコモピザ（＄23.50）と、ほうれん草とガーリックのシンプルなピザ（＄23）が僕のお気に入り。厚くもなく、薄くもない程よい生地が食べやすくていい。2022年にはカハラモールの向かいに2号店もオープンした。〆の場所が増えてうれしい！

A 1147 Bethel St. **P** (808) 537-4992 **B** 11:00 - 21:45 (Sun-Wed) 、
11:00 - 22:45 (Thu) 、 11:00 - 23:45 (Fri & Sat) **C** 無休 **M** P159 `17`

フェテ　[ニューアメリカン]

Fête

カリナリースクールという料理学校の先生だったシェフ、ロ
ビン・マイイさんが作る料理はいつもそつがない、それでい
て食べると温かな気持ちになるのは、ハワイの食材を応援し
続けるという熱心なハートがあるからだろうか。最近ではア
メリカの料理界のアカデミー賞といわれる"ジェイムズ・ビア
ード賞"を受賞し、ますます腕に磨きがかかっているように思
う。カネオへの少し先にあるルドピコ農園の鶏肉を使用した2
度揚げしたフライドチキン（$28）は、サクサクでクリスピー。
それにピリ辛のトマトジャムをつけて食べたときは、外側の
サクサク感と中のジューシーな味わい、それにジャムの酸味
と辛味のアクセントがあまりにピッタリでたまげたよ。シグニ
チャーといっても過言ではない、パルミジャーノ・レジャーノ
とペコリーノ・ロマーノの2種のチーズを使い、ポチギソーセ
ージも入ったリッチなテイストのカルボナーラ（$22）はマス
ト。キャラメリゼしたオニオンが全体をいい感じに包み込ん
でいるチーズ・バーガー（$16）は、最近のお気に入り。

A 2 N. Hotel St. **P** (808) 369-1390 **B** 11:00 - 21:00（Mon-Thu）、
11:00 - 22:00（Fri & Sat）**C** Sun **M** P159　18

> 食のアカデミー賞受賞のシェフが
> 作るスペシャルな料理

ライブストック タバーン　[アメリカ料理]

Livestock Tavern

ダウンタウンの古いレンガづくりの建物を生かしたモダンなお
店。季節の食材を中心に料理を構成しているため、3ヶ月ごと
にメニューが変わる。僕は、どこへ行ってもメイン・ロブスター・
ロール（$30）があるとついつい頼んでしまう。ここのロブスタ
ー・ロールは、週末のブランチのみの限定。バターがしっかり感
じられるブリオッシュのパンに、ロブスターの甘みとブラウンバ
ターのオランデーズソースがしみた超リッチ＆クリーミーなロ
ールは、今週もお疲れ様的に食べに行く。ブリオッシュのバン
ズに肉らしい味わいのパテと、ベーコンとオニオンジャムがサ
ンドされたタバーン・バーガー（$21/ブランチ）もよくオーダー
するもの。こちらは夜のオーダーも可能。ぜひとも復活してほ
しいのが、温めたブリーチーズにクランベリージャムをのせたも
のを、サワードゥーブレッドにつけて食べるウォーム・ブリー。お
しゃれな店内でこれらを頬張りながらの優雅な週末のブランチ
は、本当に僕を癒してくれるんだよね〜。

A 49 N. Hotel St. **P** (808) 537-2577 **B** 17:00 - 22:00（Mon-Fri）、
10:00 - 14:00,17:00 - 22:00（Sat & Sun）**C** 無休 **M** P159　19

フォー 97　［ベトナム料理］
Pho 97

新しくなって、いろいろ変貌！

ハワイにはまぁまぁベトナム料理店がある。ここもずいぶん前からあったので油断していたら、オーナーが変わり、料理もガラッと変わっていた。それで試しに入ってみて驚いた。何に驚いたかというと、まずは料理の素晴らしさ。ベトナムの郷土料理的なものや、ストリートフードと呼ばれるものなど、ベトナム本来の味わいが楽しめるお店に変貌していたのだ。もうひとつ驚いたのは、スタッフが全然英語が通じないということ（笑）。これには笑うしかなかったけれど、メニューを指差せばどうにかなる。前向きに考えれば、まるでベトナムに旅行にでも来ているかのような気分になれるし。というわけで、いっぺんに僕はここが気に入った。お米をクラッカーのように揚げ焼きにして、干した豚肉などを加えたピリ辛のホットチリクラムソースをのせたフィンガーフード、ハウス・スペシャル・クリスピー・ライス（＄12）や、お米とタロイモを混ぜ合わせてケーキにしたものを卵とともに焼く南ベトナムのストリートフード、フライド・ライス・フラワー・ケーキ（＄12.50）、それにエビのすり身、豚肉、もやしなどをベトナムクレープに巻いて食べるRIY（＄28）などを一気に堪能した。フォーの中で僕的にイチオシのオックステールのフォー（＄18）は、ハワイらしさも感じられて、ちょっとうれしかったなぁ。

🅐1120 Maunakea St. #176🅟(808) 538-0708
🅑8:00 - 20:00🅒無休🅜P159 　20

ピザ マモ　［ピザ］
Pizza Mamo

"マモ"とは、ハワイ語でくちばしの長いハワイアンバード"ミツスイ"という種類の鳥のことでもあり、"子孫"という意味もある言葉。2022年初頭にオープンしたここは、そんな名がついたピザ屋さん。アメリカでピザというと、ニューヨークかシカゴを思い浮かべる人が多いと思うけど、ここはブルックリンとミシガンのデトロイトスタイル。ブルックリン・スタイル・ポテト・ピザ（＄25）は、ニューヨークとナポリを合体したスタイルで、薄くもないけれど、厚くもないモチモチした生地に薄切りにしたじゃがいもをチーズと一緒にのせたドフィノアのようなピザ。デトロイト・スタイル・チーズ・ピザ（＄23）は、車屋のイメージの強いデトロイトならではって感じで、車を修理するときと同じ鉄板（もちろん新しいものをね！）を使って焼いている。だから四角いピザ。溶けたチーズがパリパリでクランチーになっている周りも美味だし、ボリュームもすごいの。ポテトとソーセージがのったデトロイトスタイル（＄27）もあり。メンズはぜひ、デトロイトスタイルを食べてみてほしい！

🅐16 N. Hotel St.🅟(808) 369-2445🅑14:00 - 20:00（Sun）、
11:00 - 20:00（Mon-Thu）、11:00 - 22:00（Fri & Sat）🅒無休🅜P159　21

トラックスカリィ　［メキシコ料理］

Tlaxcalli

メキシコ人のオーナー、フリオさんはハワイのマーケットに本当のメキシコ料理を幅広く伝えたいと思っている方で、かつては"サンタクロース・タコ・カンパニー"というフードトラックでメキシコ料理の素晴らしさを展開してきた。僕はメキシコのチョコレートやドライフルーツ、ナッツなどを混ぜ込んだ"モレソース"が大好き。だからここができて、本格的なものが食べられるようになってとてもうれしい。前菜にはシーフードカクテルにパリパリのトスターダスをディップして食べるカンペチャーナ（＄20）。セビーチェ・デ・アトゥン（$18）は、ピリ辛のサルサマチャを混ぜ込んだメキシコスタイルのポキ。ちなみに"アトゥン"とはマグロのこと。豚肩ロース肉をスパイス、柑橘類とともにバナナの葉に包んで蒸したコチニータ・ピビリ（$18）は、甘酸っぱい玉ねぎのピクルスに合わせて食べるボリューミーな料理。次々出てくる彼のメキシコの世界は本当にカラフルで美味。メキシコ各地の食についていろいろなことを教えてもらえるのも楽しい。ひとつ注意してもらいたいのが、すべての味付けはきちんと仕上げてあるものだということ。だからむやみに、調味料を加えたりしないように。これがメキシコの味、と思って味わって。フリオさんはそこにとても誇りを持って料理をしているので。

A1128 Smith St.**P**(808) 888-5200**B**9:00 - 14:00,17:30 - 20:30（Sun）、17:00 - 20:30(Mon)、11:00 - 14:00,17:00 - 20:30（Tue-Thu）、11:00 - 20:30 (bar open until later)（Fri & Sat）**C**無休**M**P159　`22`

ヨングス キッチン　［中華料理］

Yong's Kitchen

義理の姉のダンナさんの招待で連れて行ってもらってから大ファンになったここは、とにかく何を食べても思わず「おいし〜！」と声が出ちゃうほど、好きな料理ばかりが揃うところ。ひき肉のチキンサラダ（＄13.95）は、薄味のドレッシングが素材の味を引き出し、フレッシュ感もそのままに味わえるものだし、ドランキン・クラム（＄16.95）は、その名の通り、酔っ払いアサリなんだけど、お酒の感じはほどほどで、香菜、ネギ、ガーリックといった薬味がたっぷり。香味野菜とほんのり薫るお酒もいいバランス（食べ終わったあとの息はやや大変（笑））。明日の予定がないときに！）。タロイモとダックをプレスして衣をつけて揚げた、外はパリパリ、中はしっとりのタロダック（＄45）は前日に要予約で。ハチミツ・グレイズソースに黒胡椒と八角がいいアクセントを醸し出すハニーBBQスペアリブ（＄28/12〜13ピース）は、しっとりした部分の口どけ感が半端ない。とろけるなんてもんじゃない。けれども、たまにかたいところがあるので注意（笑）。僕が苦手な手がベタベタになるという点も気になるけれど、それ以上のおいしさが待っていると思うと、やっぱりまた注文しちゃう。これも前日に要予約で！

A1157 Maunakea St.**P**(808) 599-5262**B**10:30 - 18:00**C**Mon**M**P159　`23`

ウィング アイス クリーム パーラー　［かき氷、アイスクリーム］

Wing Ice Cream Parlor

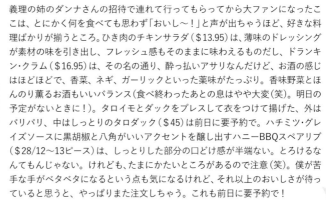

ダウンタウンでディナーのあとは、ここでデザートタイム。ウィングさんの作るアイスクリームは、フレーバーの組み合わせもネーミングもとってもチャーミング。オレンジピールとアールグレーを合わせたレディグレーと、ターメリックとブラックペッパーのゴールデンミルクはシーズナルのもの。シナモンとチョコレートのチョコレードは、チュロスと一緒に食べるチョコレートみたいな味わい。ローズやラベンダーといったロマンチックなアイスクリームも。子どもは＄4.75、シングル＄5.75、ダブル＄10.75。ワッフルコーンの場合はプラス＄1.25。

A1145 Maunakea St. #4 Entrance on Pauahi St.**P**(808) 536-4929**B**12:00 - 18:00（Sun）、12:00 - 20:30（Tue-Thu）、12:00 - 21:30（Fri & Sat）**C**Mon**M**P159　`24`

- Chinatown/Downtown -

オーライズ タイ ラオ キュイジーヌ　[タイ料理、ラオス料理]
Olay's Thai-Lao Cuisine

僕は、チャイナタウンにあるこのビルの中庭の、抜けた空から星空が見えるチャーミングなシチュエーションがとっても好きだった。そんなここに、今もファーマーズマーケットに出店しているタイとラオスのレストランがオープン。彼らの料理のおいしさは知っていたので、ヤッター！と思ったよ。シーフードと合わせたピリ辛のチャーハン、カオ・パッド・フェット（＄22）は上品な味わい。春雨と牛肉をスープで煮て食べるラオ・スキヤキ（＄19）は、ほんのりした甘みがクセになる、いわゆる日本でいうところのすき焼きとは違うものだった。いろいろ食べてみて思ったのは、タイ料理に比べ、ラオス料理はやや味付けが濃いめ。また、タイはココナッツをよく使うのに対し、ラオスは使わないといったお国柄の違いや、位置的に近いけれども微妙に異なる食材の使い方などを感じられるのもこのレストランのおもしろさだと思う。

A66 N. Hotel St.**P**(808) 536-5300**B**10:00 - 21:00**C**無休**M**P159 `25`

サンディーズ カフェ　[中華料理]
Sandy's Cafe

仲良しの中国人のおば様から「すっごくおいしいチャーシュー（＄16）とローストダック（＄22／ハーフ）のお店ができたわよ〜」と、連絡があった。それは大変！ってことで慌てて出かけた。香港料理と香港のカフェを合わせたようなそのお店のローストダックは、クリスピーな皮とふっくらローストされた中の肉部分のコントラストが最高だった。全体的にやさしい味付けのところどころにアクセントとなって出てくるスパイスの使い方も上手！　おば様の言う通り、前もって予約しておいてよかった〜（僕が行ったときにはすでに売り切れてた）！クリスピー・ガオ・ケーキ（揚げ麺）に豚肉と青梗菜入りのグレービーソースをかけたひと皿（＄17）は、麺のサクサク感にソースがからみ、間からジュワッと旨みがしみ出る感じがたまらない。辛子醤油にディップして食べる揚げワンタン（＄15）もいくらでも食べられる。と、食べて食べまくった。最後にスパゲッティも食べようと意気揚々としていた僕でしたが、さすがに食べすぎたようで、そこまでたどり着けず。次回は絶対にスパゲッティも食べるぞ〜！

A100 N. Beretania St.**P**(808) 200-0468**B**8:00 - 15:00**C**Wed**M**P159 `26`

デュークス ビストロ　[ベトナム系フランス料理]
Duc's Bistro

昔からダウンタウンにある、やさしいベトナム人のデュークさんが切り盛りするお店。ここの料理はフレンチにベトナムの味わいを融合させた料理。しっとりしたブレスト・オブ・ダック・サイゴン（＄30）は、しょうがとナンプラーで食べるスタイルだし、ニューヨークステーキのステーキ・サイゴン（＄36）も、とろっとしたフレンチ醤油がソース。ワインはお店のセレクションから選んでもいいし、持ち込みも可。まずは、おかわりしたいくらい好きなケッパーベリーとマスタード・ビネグレットがきいたビーフ・タルタル（＄22）を、グリーン・パパイア・サラダ（＄24）を箸休めにしながら食べ、仕上げにベトナムスタイルのステーキをガッツリというのが、僕がたまにやらかす贅沢ランチ。あー、幸せ。

A1188 Maunakea St.**P**(808) 531-6325**B**12:00 - 20:00（Mon-Fri）、16:00 - 20:00（Sat）**C**Sun**M**P159 `27`

相席だっていいの、いいの

ラムズ キッチン　[中華料理]

Lam's Kitchen

中国の人はテーブルシェアが得意だけれど、僕は苦手（笑）。だけど
ここに行くときは、たいてい中国人の友人と一緒なので、知らない人
と同じテーブルでランチタイム。話していることがわからなくてちょ
っとさみしいけれど、料理が安くておいしいからいいの！　ルックファ
ァンという分厚い米麺が入った牛すじ肉のスープ麺（＄12.99）や、コー
ールドチキンにネギとしょうがのタレをつけてご飯と食べるジンジ
ャー・チキン・オン・ライス（＄12.99）が僕の定番。スープなしの麺は
ビーフ＆チョイサム・チャオ・ファン（＄12.50）が好き！

🅐1152 Maunakea St. #A🅟(808) 536-6222🅑8:00 - 16:00🅒無休
Ⓜ️P159　28

ザ ビッグ&ザ レディ　[ニューアメリカン]

The Pig & The Lady

ファーマーズマーケットに出店していたフォーから火がつき、あれよ、あれよという間に
ダウンタウンになくてはならないお店に。シェフのママ·レイさんが作るフォーのスープ
は、スパイスと肉のだしがきいたパンチのある味わい。ダウンタウンならではのレンガづ
くりの建物を活かした活気あふれる店内で、フライドチキン（＄19）やフレンチオニオン
がのったショートリブ（＄45）をガッツリ味わう時間は、僕にとってエネルギー注入の時間
でもある。ここのフライドチキンは、揚げ上がりにローストしたピーナッツ、ミント、ラ
イム、ナンプラー、赤玉ねぎのピクルスなどを合わせたスペシャルソースをざっと和えた
もので、パリッと揚った皮の部分とソースがしみ込んだ部分が口の中でいいコントラス
トを生む。ショートリブは、オニオングラタン風に仕立ててあり、ビーフのスープの中に
グリュイエールチーズをのせて焼いたビーフと、パンの上にキャラメリゼしたオニオンを
たっぷりのせたものがひと皿になっている趣向を凝らした逸品。本当に、素材の組み合わ
せも、味の合わせ方にも驚かされる。仕上げは、スパイスと昆布などからスープをとり、
炙ったきのこ類とポロねぎなどが入った柑橘が香るヴィーガンフォー（＄24）を。少し幅広
のライスヌードルで食べるこれは、タンパク質が入っていないとは思えないほど深みとコ
クがすごい。満足感もバッチリ。というわけで、最近は、これでヘルシーに〆る。

🅐83 N. King St.🅟(808) 585-8255🅑11:30 - 14:30, 17:30 - 21:30🅒Sun & MonⓂ️P159　29

ククイ カフェ　[香港カフェ、中華料理]

Kukui Cafe

ちょっと中華を食べたいねってとき、仲良しの香港の友人たちは、みーんなここに
来る。僕もかれこれ20年以上通っているところで、気が付いたときにはダウンタウ
ンの川のそばのあの角にあったという感じ。小さくて、お世辞にも決してきれいと
はいえない店内だし、出てくる器はすべて紙皿かプラスチックの容器（笑）。なの
に、料理はどれもこれも本当においしい。何度食べてもまたすぐ食べに行きたくな
っちゃうのが、クリアな味わいのザーサイと豚肉のライスヌードル（＄12.50）。ほ
んのりきいたザーサイの酸味もいい。八角の香り漂う濃厚なテイストの隠れメニュ
ー、ビーフ・ブリスケットのワンタン麺（＄12.50＋＄4）や、ソースが最高のゴーヤー
とブラックペッパーとブラックビーンズの炒め物（＄14）など、好きなものを挙げる
とキリがない。ここに来ると、欲ばりに拍車がかかって本当大変！

🅐195 N. Kukui St.🅟(808) 537-4528🅑8:00 - 15:00（Sun）、8:00 - 16:00（Mon-Wed,Fri &
Sat）🅒ThuⓂ️P159　30

Sean's Hawai'i
Ultimate
Dining Guide
366

Kalihi / Nu'
カリヒ

ナミカゼ　［ハワイ リージョナル キュイジーヌ］
Nami Kaze

「ミッシェルズ・アット・ザ・コロニー・サーフ(P37)」、「ロイズ・ワイキキ(P11)」などを経たシェフ、ジェイソン・ピールさんが、ようやく独立。みんな待ち望んでいたから本当にうれしかった。オープン直後の2021年後半は、ネットでおかずを販売するスタイルだったけれど、2022年の夏にレストランとしてオープン。フライドポテトの要領で揚げたウル（パンの木）を、ハワイアン・チリペッパー・ジュレ、マヨネーズ、テリヤキ・ジュレにつけて食べるひと皿（＄9）や、自家製バター・ガーリック・ソースで食べるカウアイ産のエビ（＄23）、シンガポール風のシュリンプサンドに、別盛りにしたオランデーズソースと半熟卵をディップして食べるベネディクトスタイル（僕はディップするよりもサンドイッチにソースをかけてしまうほうが好き！）（＄25）のひと皿など、趣向を凝らした料理がいろいろ。なかでも僕が驚いたのは、アヒをつくね風にして焼いて照り焼きソースにからめたものをのせたアヒつくねロコモコ（＄23）と、明太子オムレツ（＄25）。このオムレツは、いわゆる普通のオムレツではなく蒸し卵のようなフワフワのオムレツの上に明太子を加えたクリーミーなモルネーソースをかけたもの。それを少しずつくずしながら食べるのがサイコー。2022年の秋には居酒屋スタイルのメニューも増え、ディナータイムもますます楽しみ！

🅐1135 N. Nimitz Hwy.🅿(808) 888-6264🅑10：00 - 14：00,17：00 - 21：00（Wed-Fri）、 9：00 - 14：00,1700 -21：00（Sat & Sun）🅒Mon & Tue🅜P158　01

リリハ ベーカリー　［アメリカンダイナー］
Liliha Bakery

僕はここの飾りけのない素朴なパンケーキが大好き。メニュー名はパンケーキじゃなくてホットケーキ（$12.50/3枚）というのもなんだかいい。子どもの頃からママと一緒によく訪れ、慣れ親しんできたその味は、いつも僕を心底ほっこりさせる。昔は、グラスではなくて、ホルダーにセットされたシェイブアイスのコーンに入った水を飲むのが楽しみだった。リリハにはいい思い出がいっぱい。今はアラモアナセンターや、ニミッツ、パールシティ、ワイキキのインターナショナル・マーケットプレイスにも支店があるけれど、僕はやっぱりこの細長いカウンターメインの本店が好き。よく注文するのは、本店のみで食べられるマヒマヒとハンバーガーステーキのコンビネーション（$18.50）。セットになっているバターロールはシナモンロールにも変更可能だよ。

🅐515 N. Kuakini St.🅟(808) 531-1651🅑6:00 - 22:00🅒無休🅜P158 **02**

子どもの頃からずーっとお世話になってきた

ヘレナズじゃなくて、ヘリーナズ

ヘリーナズ ハワイアン フーズ　［ハワイ料理］
Helena's Hawaiian Foods

ここはメインランドの名誉あるフードアワード「ジェイムス・ビアード・アワード」をハワイアン・フードで受賞している数少ないお店。ハワイ生まれ、ハワイ育ちの僕にとってここのピピカウラ（干し肉）（$14.50/S）はソウルフード。噛みしめるたびにジュワーッと広がる旨みがたまらない、カルビ好きな人は絶対ハマる味。カルアポーク（$5.25/S）やロミサーモン（$6.75）など定番ハワイアン・フードももちろんおいしいけれど、以前、ハワイアン・リージョナル・キュイジーヌの第一人者のひとり、アラン・ウォンさんと一緒にここを訪れたとき、このお店のポキ＝ロミ・アヒ（$8.25）は、特においしいと教えてもらった。フレッシュなアヒを手でくずし、それをイナモナ（海藻）と一緒に調味料で和えるから味のなじみ方、しみ込み方がほかのお店のものとはまったく違うのだそう。確かにここのポキは以前からスペシャルなおいしさだと思っていたけれど、そういうことだったのか〜。もうひとつ、外はカリカリ、中はジューシーな、とろける銀ダラカマをフライにしたもの（$8.75）も、彼に教わったメニュー。それから僕はこれらをよくオーダーするようになった。話は変わるけれど、創業者ヘレンさんの名は、ハワイ語読みすると"ヘレナ"。そんなことからローカルたちは長年このお店を"ヘレナズ"の愛称で呼んできた。ところが、今このお店を受け継ぐお孫さんによると、「本当は、祖母はお店に関しては自分の名前と同じ呼び名ではなく"ヘリーナ"と呼んでほしいと常々言っていた」のだそう。そんなわけで創業者のヘレナさんに敬意を表し、この本ではお店の読み仮名を"ヘリーナズ"とした。

🅐1240 N. School St.🅟(808) 845-8044🅑10:00 - 19:30🅒Sat-Mon🅜P158 **03**

ヨヘイ スシ ［寿司、和食］
Yohei Sushi

ここは空港近くの昔ながらのハワイの和食屋さん。お寿司もあれば、そばもある、みたいね。子どもの頃からよく、おばあちゃんや親戚のおばさんたちとのファミリーディナーでも行っていたところ。昔はよく日本の芸能人の方たちをカウンターで見かけたこともあった。大人になった今は、ラスベガスに行くフライト前に日本食を食べ溜めするために立ち寄る。あちらにはそんなにおいしい和食屋さんがないからね。ちょっと自分的にリッチなときはカウンターでお寿司をにぎってもらうけれど、金欠のときはちらし寿司（$33）や丼もの、天ぷら、そば、寿司の定食（$26）などをオーダーする。最近、大将が引退し、別の方がオーナーになって2023年の秋にはカハラのクオノ・マーケットプレイスに2号店がオープンするらしい。しかもそこは高級寿司スタイルになるのだそう。今から楽しみでならない。あ、でもこちらのお店は昔ながらのこのままのスタイルでいてね〜。

Ⓐ1111 Dillingham Blvd. #101 Ⓟ(808) 841-3773 Ⓑ11:00 - 13:45,17:00 - 21:00 ⒸSun
ⓂP158 04

> ずっと大切にしたい
> ハワイの日本の味

ヤグラ レストラン ［和食］
Yagura Restaurant

おばあちゃんやママと、小学生の頃からよく行っていたローカルジャパニーズ・テイストなレストラン。古いローカルスタイルの昔ながらのハワイの和食レストランの料理は、実のところ和食と呼んでいいかどうか!?と思うようなもの（笑）で、ちょっと甘めで濃いめの味付け。でもそれが、長いことローカルにとっての和食だった。最近こういうお店がどんどん減ってきているので本当にさみしい。だからここに来るとホッとするし、すごくうれしくなるし、思い出とともに不思議と料理もよりおいしく感じる。僕のお気に入りは、鶏の水炊き（$20.95）と、ディナー定食の銀ダラ味噌焼き（$30.95）。ハワイにしかない日本の味は、日本の人から見るとちょっとずっこけた和食だけれど、僕にとってはチャーミングでノスタルジックな、ずっと大事にしたい味わい。こんなハワイがあることも、ハワイ好きな皆さんに知ってもらいたいなぁと思っている。

Ⓐ1655 Liliha St. Ⓟ(808) 533-2160 Ⓑ11:00 - 14:00,17:00 - 20:15（Mon-Wed）、11:00 - 14:00（Thu）、11:00 - 14:00,17:00 - 20:30（Fri & Sat）
ⒸSun ⓂP158 05

Egghead Cafe

エッグヘッド カフェ ［カフェ］

もともとダウンタウンのクィーンズストリートにあったここが、数年前にカイルアにお引っ越し。その後、さらにカリヒエリアに移転した。以前は、カイルアに用事があるときに朝ごはんを食べに行っていたけれど、移転してからは、サクッとランチするにも便利になった。とにかく大好きなメニューは、アボカドにコーンを混ぜたものとスクランブルエッグをのせたトースト（$15）。それに、エビとベーコンのオムレツ（$22）。中に何の具が入っているのかわからなくならないように、上にちょこんとエビがのっている様子がチャーミングなこのオムレツは、ベーコンの塩けとエビと卵の甘みのバランスが僕的にちょうどいい。甘いものを食べたいときは、アサイボウル（$14）もオススメですよ。

Ⓐ1210 Dillingham Blvd. #8
Ⓟ(808) 888-2211Ⓑ7:00 - 13:00
(Tue-Fri)、7:00 - 14:00 (Sat & Sun)
ⒸMonⓂP158 **06**

2回の移転の末、
僕的に便利になった

Alicia's Market

アリシアズ マーケット ［デリ、プレートランチ］

ひいおばあちゃんと暮らしていたとき、お隣さんがこのお店のオーナーだったこともあって、昔からお世話になってきた。お昼には、ポケと何か好みの料理をセレクトするカスタムプレートランチを。僕のチョイスは、わさび、マサゴ、ポケ、ローストポーク。ここのローストポークは、皮がカリッとしていてジューシーなことで有名。肉とポケを合わせたボウル（$16.95）や、イカをアワビ風に仕立てたピリ辛なポケ（$10.95）は、長年気に入っているもの。豚肉をプランテン（調理用バナナ）に包んで蒸したプエルトリコの郷土料理、パテレ（$7.50）もぜひ食べてみてほしい。時々、ディナー用におかずだけ買って、家でブランド米を丁寧に炊いて食べるのも僕の密かな楽しみになっている。

Ⓐ267 Mokauea St.Ⓟ(808) 841-1921Ⓑ10:00 - 14:00
ⒸSunⓂP158 **07**

長い間お世話に
なっています！

Young's Fish Market

昔からリリハ・ストリートにあった、ポケなどのデリ類も売っていたフィッシュ・マーケットが、今は「カメハメハ・ベーカリー(P139)」の向かいに移転。ハワイアン・プレートや、トリッパのシチュー($7/ハーフパウンド)なども買えるようになった。ハワイアン・プレート($19)は、ピピカウラ(干し肉)、タロイモ、ロミロミサーモン、ラウラウがセットになったもので、ライスはポイに変更することも可能。個人的にはこのトリッパシチューにハマっている。トマトベースなのでビーフシチューよりもやさしく、それでいて濃厚な味わいが楽しめる。トリッパが苦手な人でもこれはきっと大丈夫！　僕の友人たちは何人もここでトリッパを克服しているくらい。ぜひ、試してみて。

Ⓐ1286 Kalani St.Ⓟ(808) 841-4885Ⓑ9:30 - 19:00 (Mon-Fri)、9:30 - 16:00 (Sat) ⒸSunⓂP158 **08**

Shimazu Store

僕が初めてこの場所を訪れたのは子どもの頃。それはまだここが「B&S Store」という名でスナック菓子も売っているかき氷屋さんだった頃のことだ。大人になり、フードライターになってからケルビン・シマズさんを取材する機会があり、この場所がビックリするほど楽しいフレーバーのシロップがたくさんあるかき氷屋さんになっていたことを知った。しかもかき氷はとびきりのフワフワ！　そのおいしさと場所の縁に、幼い頃の気持ちがよみがえり、胸が熱くなった。2013年、残念ながらシマズさんは他界し、今は別の方が引き継いでいる。けれども、当時からのクレームブリュレやストロベリークリーム、バターポップコーン、バナナフォスター、リーヒン・ピックル・マンゴーなどといったユニークなフレーバーは、今も健在。それがとってもうれしく、ありがたい。だから僕は時々お店に顔を出し、懐かしい思い出に浸りながらかき氷を食べることにしている($6.75/S)。

Ⓐ330 N. School St.Ⓟ(808) 721-2441Ⓑ12:00 - 18:00 (Tue-Fri)、11:00 - 18:00 (Sat & Sun) ⒸMonⓂP158 **09**

Mexico Restaurant

古い友人がこのお店の近所に住んでいるので、ランチに行こうとなるとこのレストランになることが多い。辛くないチリペッパーをからめたチーズフライをサワークリームとグリーンのペッパーソースで食べるチレレジェーノ($19)や、フレッシュなワカモレ($4.95/S)を食べながら互いの近況を話す。チレレジェーノには豆がたくさん入っているから、食べすぎるとオ○ラが出るけれど、ここのは2度揚げしているから大丈夫。なんてことも、この友人が教えてくれたこと。そんな他愛のない話を、ハワイに居ながらにしてメキシコを感じるこの空間でたまにするのが、意外と欠くことのできない僕らの長年繰り返されている予定だったりする。

Ⓐ1247 N. School St.Ⓟ(808) 845-9059Ⓑ10:00 - 21:00 (Sun-Thu)、10:00 - 22:00 (Fri & Sat) Ⓒ無休ⓂP158 **10**

Kamehameha Bakery

カメハメハ ベーカリー　　[ベーカリー]

オープンは1978年。昔は「カメハメハ・ベイク・ショップ」という名で、いつの頃からか、今の名前になり、定着している。僕はこのベーカリーのグレーズド・ドーナッツ（$1.20）が大好きで、若かりし頃にはよく、奥さんと夜遅く（朝早くともいう）、オープン時間に合わせて買いに行っていた。今は、オヤジだから早寝するので、なかなかオープンと同時に行くことはしなくなったけれど、それでも近くを通ると何かあるものでいいから食べたいなと思って寄ってしまう。ローカルには昔から絶大な人気だったタロイモのマラサダ（$1.30）が、日本航空の機内誌「SKY WARD」で紹介され、日本人の皆さんにも瞬く間に人気になったのは、かれこれ12〜13年前くらいだったかな。カリヒから移転した今も相変わらずの人気ぶりで、だいたい並ばないと買えない。けれども昔から慣れ親しんでいる味わいはどうしても食べたくなるときがあるから、僕もおとなしく列に並んでいる。

もう真夜中には
買いに行けないけれど（笑）

Ⓐ1284 Kalani St. Unit D106 Ⓟ(808) 845-5831
Ⓑ2:00am - 16:00(Mon-Fri)、3:00am - 16:00(Sat & Sun)
Ⓒ無休 ⓂP158 　11

L&L Hawaiian Barbecue

エル＆エル ハワイアン バーベキュー　　[プレートランチ]

ここはもともと沖縄の人がやっていたお店で、うんと昔にオーナーのエディさんが引き継いでから今のようなチェーン店になった。子どもの頃は、自転車やいとこの車でよくこの本店にバーベキュー・チーズ・バーガー（$3.95）を食べに行っていた。その頃は入り口脇にビデオゲームが置いてあり、それで遊んだりもしていた。大人になった今も幼い頃から変わらないここへ、時々プレートランチを食べに行く。オーダーするものはいつも同じで、モリモリに盛られたコールド・ジンジャー・チキン・プレート（$12.25/レギュラー）か、チキン・カツ・プレート（$11.75/レギュラー）。ここに来ると、バーガーを頬張っていた懐かしいあの頃にタイムスリップするんだよね〜（特に夕暮れどき）。

僕的ザ・ローカルプレート
といえば、本店のこれ

Ⓐ1711 Liliha St. Ⓟ(808) 533-3210 Ⓑ9:00 - 20:00（Mon-Sat）、8:00 - 16:00（Sun）Ⓒ無休 ⓂP158 　12

パレス サイミン ［サイミン］
Palace Saimin

うちはそんなにお金持ちじゃなかったから、外食というと早くて安いものが多かった。だから今はもうない「ホール・サイミン」や「タノウエ・サイミン」など、いろいろなサイミン屋さんにお世話になってきた。ここもママとよく来たところ。サイミン（＄6.50/S）と一緒に必ずオーダーするのが、濃いめの醤油味のBBQスティック（＄3.75）。香ばしく焼かれた肉は、子どもの頃はかたいな〜と思っていたけれど、今はこのシチュエーションも含めてしっくりきているし、なぜだか不思議とこのお店のサイミンとよく合う。焼き鳥屋さんでこれが出てきたら"ちょっとー！"と思うだろうけど、ここだからこれでいいし、昔からこうだったからいいと思える（笑）。そんなローカル度満点のここへもまた、やっぱり時々来たくなるし、食べたくなってしまうんだよなぁ。

A1256 N. King St.**P**(808) 841-9983
B10:00 - 20:00**C**Sun & Mon**M**P158 **13**

ナツノヤ ティー ハウス ［寿司、ティーハウス］
Natsunoya Tea House

約100年を超えた歴史あるティーハウス。歴史的にもいろいろな意味で重要な場所だったここは、今もローカルの宴会場としてにぎわっている。遠くにパールハーバーが望める畳敷きの風情ある宴会場もいいけれど、僕が好きなのはこちらの寿司バー。ウク（アオチビキ）、オパカパカ（ヒメダイ）など、現地の珍しい魚を使った寿司のおまかせコースは＄60！とお値打ち。ソフトシェルクラブの揚げ物（＄12/2個）やチキン唐揚げ（＄12）などのププとともに、小部屋にあるカウンターで寿司をつまむ感じは、隠れ家っぽくていい。テーブルも2つくらいの小さなスペースなので、予約はお早めに！

A1935 Makanani Dr.**P**(808) 595-4488**B**11:00 - 14:00,17:00 - 21:00
(Sushi Bar 16:00 - 19:00（Wed-Sat）**C**無休**M**P158 **14**

ジェーンズ ファウンテン ［ローカルフード］
Jane's Fountain

> 古き良きがありまくり（笑）

ノスタルジックな雰囲気のここは、ずいぶんと昔からあったと思われるところ。友人が好きで食べようと連れて行ってくれたとき、そういえば、幼い頃にママとよく食べに来ていたことを思い出した。その当時このお店は、ソーダ・ファウンテンで、左横には「OKAZUYA」という惣菜屋さんがあって、ママと軽くお茶したりおやつを食べたあと、そこで文字通り、おかずを買って帰ることもあった。ハンバーガー（$5.75）は素っ気ないくらいの超オールドファッションスタイル。珍しいのはオックステールの豚足バージョンのようなピッグフィートスープ（$15.50）で、これもオックステールスープを食べるときと同じく、しょうが醤油をつけて食べる。ハンバーグステーキ（$13.25）にはケチャップとタバスコをつけて食べるし、ちょっと薄味のワンタンヌードル（$8.50/S）には醤油を少したらすのがマスト。そして一緒にハンバーガーもオーダー。フィリピンの野菜スープ、サリサリ（$15.95）なんてものもある。どれもこれもいろいろカスタマイズしたくなる味だけど、これがローカル的にはクセになる。きっとローカルしか行かないお店だろうと思っていたら、なんとこの本の編集者で長年の友人の赤澤さんがわりと行くお気に入りのお店だったことが発覚（笑）。お店の外には"SAIMIN"と書かれた看板が掲げられているだけだから若干わかりにくいのも、なんか昔ながらな感じでいいんだよね。

A1719 Liliha St.**P**(808) 533-1238**B**7:30 - 20:00 (Mon-Fri)、7:30 - 14:30 (Sat)、7:30 - 14:00
(Sun)**C**毎月第1、第3Thu**M**P158 **15**

ゲイブ カフェ ［ローカルフード］
Guieb Cafe

2020年6月にオープンしたここの一番の目玉は、お皿からはみ出そうな大きさのプライムリブ・ロコモコ（$18）。こんな安くて、こんなにすごいボリュームで大丈夫!?と、初めて訪れたときは本当にビックリした。ありえない！　が、今も同じボリュームで頑張っている（エライ！）。カリッと揚がったフライドチキン（$16）も、プリプリのエビの食感と甘み、ガーリックの風味もいいガーリック・シュリンプ（$17）も、味わい、ボリューム、値段ともに素晴らしい。このご時世にこの価格帯は本当にありがたい。これはいい！と思って、しばらくはプライムリブ・ロコモコ目当てで通い続けていたけれど、ヤバイ、ヤバイ、いくらおいしいからって調子にのって食べすぎると"ゲイブ"じゃなくて"デ◯"になっちゃうよー。気をつけないと。

Ⓐ1311 N. King St. #F06 Ⓟ(808) 913-2131 Ⓑ7:00 - 15:00 Ⓒ無休 ⓂP158 16

エセルズ グリル ［プレートランチ］
Ethel's Grill

僕のパパはこのレストランが大好きだったから、子どもの頃はよくおともして行っていた。だから、僕にとってはここの料理も、子どもの頃を思い出す懐かしい味わい。いつも、モチ粉チキン（$14.95）、大根おろしたっぷりのハンバーグステーキポン酢添え（$14.95）の繰り返し。付け合わせのサラダにかかっているクリーミーなパセリ・ディジョン・ドレッシングも大好きだった。子どもにしてはどうかなと思うけれど、タタキ刺身（$19.95/定食）もよくオーダーしていたもの。ガーリックの風味とシークレットソースだけでご飯がいくらでも食べられる！　今は娘さんのダンナさんがお店を切り盛りしているけれど、オヤジさんがやっていた頃とテイストは変わらず。沖縄からやってきたご夫婦が生み出す味が、日本にルーツのある僕の胃袋をつかんで早何十年!?　今もなお、僕の中では変わることなくしっくりくる味であり続けている。

Ⓐ232 Kalihi St. Ⓟ(808) 847-6467 Ⓑ8:00 - 14:00 ⒸSun & Mon ⓂP158 17

ボブス バーベキュー レストラン ［プレートランチ］
Bob's Bar-B-Que Restaurants

子どもの頃、よくいとこと行った昔からお世話になっているお店。今も一番好きなのは、大きなバンズに対して、これ!?と思うような小さいハンバーグパテとレタス、マヨネーズしか入っていない照りチーズバーガー（$5.50）。チキンにヒバチソースをぬって焼いたもの（$13.75）も好き。ドリンクは、シェイクよりかためのチョコレートモルト（$5.25/M）がマスト。ストローで吸っても全然吸えなくて、しまいには吸いすぎて頭が崩壊しそうになるくらいかたいんだけど、それでも時々なぜだか無性にこの味が恋しくなる。そんな思い出のこのお店が来年2024年、モノレールが通るために場所を少し移動する。だからこの青空がドーンと広く抜けたノスタルジックな風景も今年いっぱいで見納め。残りの時間、なるべく訪れてこの景色を目に焼きつけておこうと思う。

Ⓐ1366 Dillingham Blvd. Ⓟ(808) 842-3663 Ⓑ6:00 - 23:00 Ⓒ無休 ⓂP158 18

Sean's
Hawai'i
Ultimate Dining
Guide 366

West O'ahu
ウエスト オアフ

S&S Thai Kitchen
エス＆エス タイ キッチン　[タイ、ラオス料理]

前述したが、ハワイのタイレストランは、ラオス料理が混じっていることが少なくない。それは単純にラオスの方がシェフだったりするからなんだけれど。こちらもそんなわけで、両方が入り交じった料理が楽しめる。もともとワイキキにあったここが「カマカナアリイ・ショッピングセンター」に移転し、僕的には便利になった。毎回欠かせないのは、米粉とタピオカ粉を合わせて作った自家製ヌードルの汁麺、カオ・ピヤック・セン（$15.99）。しょうが、玉ねぎ、にんじん、ブロッコリー、ネギ、ガーリックなど野菜たっぷりの具材に加え、好みの肉をセレクトできる。僕が選ぶのはだいたいチキン。やさしいスープの味わいにも、ツルツルとのど越しのいい自家製ヌードルにもよく合う。香菜もいいアクセント。もうひとつは、ジャスミンライスで作った、お焦げ的な部分のカリカリがおいしいナン・ポーク・フライドライス（$16.99）。たっぷりのミントと香菜が、豚肉のジューシーな味わいをバランスよく調え、香りもプラスしてくれる。両方とも炭水化物だから、常にダイエットを心がけている僕としてはまずい状況なんだけれど、このレストランのこの２つだけはどうしても譲れない！　だからここを訪れたときは、ダイエットは次の日からと決めている。

Ⓐ91-5431 Kapolei Pkwy.#424,KapoleiⓅ(808) 670-2724Ⓑ11:00 -
20:00 (Sun)、11:00 - 21:00 (Mon-Sat)Ⓒ無休ⓂP159　01

Koromo Katsu & Curry Bistro
コロモ カツ＆カレービストロ　[トンカツ、カレー]

ハワイに昔からある「ギョタク」という老舗和食店の系列のトンカツ屋さん。かつて、ハワイのトンカツは日本の会社が入る前までは、サーフボードみたいな食感だった（笑）。かたっ！って感じ。だから昔からローカルはみんな、トンカツよりもチキンカツのほうが、馴染みがあって好きな場合が多い。こちらのトンカツはさすがに日本人シェフが作っているだけあってそんなことはない。でもやっぱりなんだかローカルとしては、その名残りもあってついついチキンカツをオーダーしがち。フワッとやわらかな食感のチキンカツに、牡蠣フライをプラスすることもあるし、チキンカツカレー（$18.75）を、カレーとカツを別盛りでお願いし、チキンにはソースをかけて、カレーはカレーだけを味わう、なんてこともたまにやる僕的裏技。もうひとつ、細かいことをいうと、セコイ話なんだけど、チキンカツ定食（$20.75）はカツが３ピース、チキンカツランチは$13.75と、定食より値段的にはお得なようだけれど、チキンカツは２ピース。なので、僕は定食を選んで３ピース、たっぷりチキンカツを楽しむことにしている。そんなことにエネルギーをかけてしまうくらい、ここのチキンカツはおいしいんだよ。

Ⓐ98-1008 Moanalua Rd., AieaⓅ(808)
468-1919Ⓑ11:00 - 19:00 （Sun）、
11:00 - 20:00 （Mon-Thu）、11:00 -
21:00 (Fri & Sat)Ⓒ無休ⓂP159　02

ミナズ フィッシュ ハウス　［シーフード］
Mina's Fish House

ホテル「フォーシーズンズ」にある、ミシュラン・スター・シェフ、マイケル・ミーナさんのシーフードのお店。カニ、ロブスター、牡蠣などを盛り合わせたプチプラッター（＄125/1〜2人）からスタートし、カニやロブスターに味噌バターと柚子胡椒をぬってオーブン焼きにしたもの（＄43/ハーフロブスター）、梨やミント、ガーリック、松の実などを加えたアヒ・タルタル（＄30）など、ひと味もふた味も違う、工夫が重ねられた魅力的な料理が盛りだくさん。僕がとにかく好きだったのは、テーブルサイドでパフ・ペイストリーをカットして、ロブスタービスクのようなソースの中にみっちり入ったロブスターを取り分けてくれる、ゴージャスなロブスター・ポット・パイ（＄115）。これはほんと、たまらないですよ。

Ⓐ92-1001 Olani St., KapoleiⓅ(808) 679-0079Ⓑ15:00 - 21:00Ⓒ無休ⓂP159 `03`

ビッグ カフナズ ピザ　［ピザ］
Big Kahuna's Pizza

ピザが食べたくなったらまず思い浮かぶところ。ハマっているのは、ガーリックをベイクして5種のチーズをのせたガーリック・チーズボール（＄6.45/6個）。同じスタイルの裏メニューでシナモンとクリームチーズをのせたシナモン・ボール（＄6.45/6個）もあり。欲張りな僕は、ペパロニ、ハム、イタリアンソーセージ、ベーコン、ポチギソーセージ、カルアポーク、玉ねぎ、トマトなど、とにかくいろいろなものがこれでもかとのったスモウ・スペシャル・ピザ（＄9.95/7インチ）をオーダーすることが多い。デザートは、サンフランシスコのチョコレートブランド"ヒラデリー"のダークチョコレートを使ったビッグ・カフナズ・トリプル・ブラウニー（＄4.35）で濃厚な〆！

Ⓐ550 Paiea St.Ⓟ(808) 833-5588Ⓑ10:00 - 21:00（Mon-Fri）、11:00 - 21:00（Sat & Sun）Ⓒ無休ⓂP159 `04`

アマアマ　［ニューアメリカン］
'AMA'AMA

「アウラニ・ディズニー・ハワイ・リゾート」内のシーフードがメインのレストラン。古き良きハワイが感じられる昔のハワイの、釣りのシーンをイメージした店内の雰囲気といい、ナイスなオーシャンビューといい、ワイキキからちょっと遠出するだけで、こんなにリラックスしたロケーションが楽しめるとは！　今までお子さんがいる人メインのところかなと思っていたんだけれど、リニューアルしてグッとラグジュアリーなスタイルになっていて驚いた。ハワイの食材を中心に、丁寧に仕込みがされた料理が、4品コースで＄125とお値打ちなのも僕にはかなり魅力的だった。トリュフとブラックペッパーを合わせた鹿のタルタルや、ココナッツの香り漂うカボチャのスープ、じっくり焼いたタコを赤酢とハーブでマリネし、リゾット仕立てにしたものなど、かみしめるたびに旨みがジュワーッと広がる料理が次々出てくる。柚子の香りのするクリームソースを添えたイカスミのラビオリは、ひとつにはロブスター、もうひとつにはエビが入った贅沢なもの。しかも上には桜マスの卵、ホタテ、ロブスターまで！　コースの内容はシーズンごとに変わるので、それぞれのシーズンを楽しみに訪れるのもいいかも。ロマンチックなサンセットディナーにも。

Ⓐ92 Aliinui Dr., KapoleiⓅ(808)674-6200Ⓑ17:00 - 20:30ⒸTueⓂP159 `05`

Uncle Lani's Cafe

タロイモとモチ粉を合わせ、丸めて揚げたスイーツ、ポイ・モチ・ドーナツ（$10/12個）。外はカリッと中はフワモチ。ほんのりした甘さもよかったのか、オーダーが入ってから揚げるから揚げたてが食べられるのもよかったのか、瞬く間にローカルの間で大人気になった。アイシングは、ポイ、ココナッツ、ハウピアなどの6種。見た目もかわいいから、僕が選ぶスイーツにしては、これは結構インスタ映えするんじゃないかな!?

A91-5431 Kapolei Pkwy., Kapolei**P**(808) 551-9961**B**11:00 - 16:00（売り切れ次第終了）**C**無休**M**P159 `06`

シスタ トラック イン ザ ホール バイ ビア ラボ ［ニューアメリカン］

Sistah Truck in The Hall by Beer Lab HI

ここはビア・ラボ内のダイニングエリアにあるレストラン。シェフがメキシコ人と韓国人なので、両方のおいしい部分が重なり合った新しい味わいが堪能でき、素材の組み合わせなども含め、さまざまな発見が多い。例えば、じゃがいもを丸めて揚げたものをチップスに見立てたナチョス（$16）や、とびきりジューシーな和牛ビーフパテのホワイトグレービーのロコモコ（$16）など、ビールと一緒に楽しみたい料理がかなり充実している。特に和牛チーズバーガー（$17）は、スマッシュバーガースタイルで、パテの外側はカリッとクリスピーなのが気に入っている。注文と支払いはすべて携帯からなので間違えないようにね。

A98-1005 Moanalua Rd. #884, Aiea**P**(808) 762-0027**B**8:00 - 19:00（Sun）、
8:00 - 22:00（Mon-Thu）、8:00 - 24:00（Fri & Sat）**C**無休**M**P159 `07`

ザ チーズケーキ ファクトリー ［アメリカ料理］

The Cheesecake Factory

毎日のように行列が絶えないワイキキ店にもよく行くけれど、カポレイ店はスキニーリシャス（低カロリー）なメニューが豊富で、いろいろ試せるのが楽しくて最近はこちらに行くことが多くなってしまった。スキニーリシャス・メニューは、1皿590kcal以下のものばかりだから安心してオーダーできる。しかもどれもおいし～！ 僕がよくオーダーするのは、マッシュルームバーガー（$18.95)。奥さんはバーベキュー・ランチ・チキン・サラダ（$19.95）がお気に入り。エンゼルヘアーと呼ばれる細いパスタのレモンガーリック・シュリンプ（$23.95）は最近気に入っているもの。こんなに食べてから、さらにファクトリー・ナチョス（$17.50）をオーダーしても罪悪感なしで気持ちよく食べられるのが何よりいいんだよね。

スキニーリシャス メニューは僕の希望の光！

A91-5431 Kapolei Pkwy., Kapolei**P**(808) 670-2666
B11:30 - 23:00（Mon-Fri）、10:00 - 23:00（Sat & Sun）
C無休**M**P159 `08`

アンティズ&ホットポット ハウス　[台湾鍋料理]

Aunty's Hotpot House

台湾のアンティ（おばさん）のレシピがおいしいと人気だったモイリイリエリアのお店のオーナーが変わり、アンティのレシピじゃなくなってすごく悲しかった。でも、2022年の夏の終わり、カマカナアリイ・ショッピングセンターに新たにアンティのレシピの鍋屋さんがオープン。またあの味が食べられる！と思って、めちゃうれしかった。好みのスープを選び、あとは冷蔵庫から食べたい具材を取りに行って自分で調理するスタイルは変わらず。スープは各$2で、グリーンの色も鮮やかなハーブ入りのシーフード、ちょっとピリ辛なビーフベース、クリーミーで菊やハーブも入っているハウス・スペシャル・ベジタブルの3種。僕のお気に入りは、ヘルシーなベジタブルのスープ。これに、きのこ類（$7）、フィッシュボール（$5）、ビーフ・ブリスケット（$8）、白菜（$7）、イミテーション・クラブ（$6）、バサ（川魚）（$6）などを加えて好みの加減に煮て食べる。〆にはご飯やヌードルを。僕はダイエットのためにご飯を控えているので、だいたい麺にしている（結局、〆を食べるんかーい！とみんなに突っ込まれるけど）。そして本当の〆は台湾系かき氷。これを楽しみにここを訪れる人も少なくないと思う。それくらい人気のかき氷。しかもこれは、サービス！　この間、僕が行ったときは、杏仁豆腐とボバ（タピオカ）がのったものと、ブラウンシュガーとパイナップルにボバがのった2種だった。日替わりだから何が出るかわからないのも楽しみだし、どれが出てもいつもワオ！な感動がある。あ、そうそう、アンティはせっかちなので、みんな遅刻には気をつけて。時間に遅れると怒られるよ（笑）。

Ⓐ91-5431 Kapolei Pkwy., Kapolei Ⓟ(808) 670-2813
Ⓑ12:00 - 20:00(Sun)、12:00 - 21:00(Mon, Wed & Thu)、12:00 - 22:00 (Fri & Sat)
ⒸTue ⓂP159 ⓿⓿

ファイブ ガイズ　[ハンバーガー]

Five Guys

パテは肉のみ。野菜も肉もすべて新鮮さにこだわる、ハワイでトップ5に入るハンバーガー屋さん。ここでは、フレンチフライ（$6.79）のじゃがいもにも、どこの農園のものを使っているのか書いてある。そんな信頼できるお店で僕がオーダーするのは、マヨネーズ、ピクルス、レタス、グリルオニオン、グリル・ド・マッシュルーム、ケチャップ、マスタードなどを全部のせたオール・ザ・ウェイ。これをハンバーガーではなく、チーズバーガー（$12.09）か、ホットドッグにするのが、僕的定番。最近は、ユダヤ教徒の人たちが食べていいとされる、コーシャ・スタイルのホットドッグ（$8.09）も気に入っている。飲み物は、チョコレート&オレオ・クッキーシェイク（$6.99）が好きで、脂肪分が多いと思いつつもついついこれをオーダーしてしまう。ほんと、ダイエットとは縁遠い日々……（笑）。

Ⓐ91-5431 Kapolei Pkwy., Kapolei Ⓟ(808) 628-4740 Ⓑ11:00 - 22:00 Ⓒ無休 ⓂP159 ⓿⓿

> パパのお気に入りは、僕のお気に入り

タニオカズ シーフード & ケータリング　[デリ]

Tanioka's Seafoods & Catering

パパがよくここのポケを買っていて、そのセレクトがよかったからか、自然と僕も買いに行くようになった。タコ、アヒ、干した銀ダラに揚げニンニクとごま油、チリを加えて和えたテグー・アヒ・ポケ（$29.95）、オニオン・リム（海藻）・ポケ（$29.95）、ピリ辛のホット醤油ポケ（$29.55）など、一風変わったポケも揃う。アヒ以外にタコ、わさび、白味噌を合わせたポケ（$26.95）なんかも！　その日の気分で数種類買って、家でご飯を炊いてポケ・ディナー。つまみにもなるからお酒とともに、あとは野菜を何かプラスしてヘルシー・ディナーにすることも。

Ⓐ94-903 Farrington Hwy., Waipahu Ⓟ(808) 671-3779 Ⓑ9:00 - 14:00 ⒸMon & Tue ⓂP159 ⓿⓿

オノ タイ　［タイ、ラオス料理］

Ono Thai

お世話になっている気功の先生が連れて行ってくれたレストラン。シンプルなインテリアの店内にフードショーのテレビ番組が流れているのが気軽でいい感じ。ハワイではよくある話なんだけれど、タイ料理をラオスの人が作っている場合がある。ここもそう。そんなわけで、グリーン・パパイア・サラダ（＄10.95）やパナンカレー（＄13.50）など、メニューによってはタイ風かラオス風かを選べるものもあるのが楽しい。コーンスターチと米粉をまぶして揚げ、甘辛いソースをつけて食べるタイ風のフライドチキン（＄12.95）は、ものすごくクリスピーな食感！　これはクセになるおいしさだよ。

🅐91-896 Makule Rd., #106, Ewa Beach🅟(808) 689-5808🅑10:30 - 21:00🅒無休
🅜P159　12

キッキン ケイジャン カポレイ　［ケイジャン料理］

Kickin' Kajun Kapolei

ポリ袋に蒸したシーフードとケイジャン・ガーリック・バター・ソースなどのソースを入れ、和えたもの（オススメはロブスターコンボ＄78か、6パウンダー＄175などのシーフードのセット）がテーブルの上にドサッと出てくるので、それを手で食べるワイルドなスタイルのレストラン。初めて行ったときはこのスタイルが楽しくてハマった。でも僕は、手で食べるのは正直苦手。手が汚くなると、手を洗うことしか考えられなくなってしまうから（笑）。でも、ここは手袋もエプロンもあるから安心、安心（とはいえ、結構破れるけどね）。ホーギーと呼ばれる長いロールパンに小エビのフライがサンドされた、ケイジャン風のポーボーイサンドイッチ（＄16）やワニの唐揚げ（＄16）といったユニークなメニューもあり。みんなでワイワイ食べるのもいい感じ！

🅐91-5431 Kapolei Pkwy., Kapolei🅟(808) 784-3993🅑11:00 - 21:00（Mon-Thu）、11:00 - 22:00（Fri & Sat）、11:00 - 20:00（Sun）🅒無休🅜P159　13

コキートス ラテン キュイジーヌ レストラン　［南米料理］

Coquito's Latin Cuisine Restaurant

ワイキキから車で1時間15分。コオリナからでも30分はかかるワイアナエにあるレストラン。そこまでしても食べたいと思ってしまうのが、ここのコロンビア風エンパナダス（＄16）と、アルゼンチン・フランク・ステーキ（＄28.99）、キューバ・サンドイッチ（＄16）など。それに、プランテン（調理用バナナ）をマッシュしてベーコンとガーリックを加え、揚げ豚をのせたモフォンゴ（＄21）と呼ばれる南米料理も。僕は時々、無性にラテン料理が食べたくなってしまう。そんなときは遠いけれども、よし！と思い、車を飛ばす。本当は、もっとあれこれ食べたいから大人数で行くのがオススメ。だから次は誰か、一緒に行って〜。

🅐85-773 Farrington Hwy., Waianae🅟(808) 888-4082🅑11:00 - 19:00（Tue-Thu）、11:00 - 21:00（Fri & Sat）🅒Sun & Mon🅜P159　14

ノエ　［イタリア料理］

Noe

ハワイでおいしいイタリアン！と思うと、シェフが日本人ということが多い。コオリナ地区にあるホテル「フォーシーズンズ」内のイタリアンレストランも、そう。さすが、こまやかな日本人！　しかも創作めいてなく、いい意味でオーソドックスなところもいい。オススメしたいのは、シグニチャーでもあるマッシュルームと季節のトリュフのタリアテッレ（＄34）や、しっかり太めのパスタにトマトの酸味とロブスターの甘みがマッチしたロブスター・スパゲッティ（＄68）。ロブスターは焼きすぎると食感がゴムみたいになって残念なんだけれど、ここのはいつも素晴らしい焼き加減！　メインには仔牛にパン粉とハーブをまぶして揚げたスペシャルなひと皿（＄78）を。デザートは、レモンカードのようにクリーミーなレモン・クロスタータ（＄13）。こんな素敵なディナーのためにわざわざ足をのばすのは、アニバーサリーなどのロマンチックディナーのとき。でも、うっかり飲みすぎて、帰りに奥さんに怒られるというのがいつものパターンなのさ。とほほ。

🅐92-1001 Olani St., Kapolei
🅟(808) 679-0079🅑17:00 - 21:00
🅒無休Ⓜ️P159 15

モアニ アイランド ビストロ&バー　［ハワイ料理］

Moani Island Bistro & Bar

ハワイアンのミュージシャンが切り盛りするここは、ハワイアン・ミュージックを楽しみながらハワイ料理に舌つづみを打てるビストロ。ハワイアン・ミュージック好きだったら絶対に盛り上がれる、ちょっとブルーノートのローカルスタイルみたいな感じでもある。僕は残念ながらそんなにハワイアン・ミュージック好きでもないけれど（ごめん）、ハワイアン・フードは好きなので、時々、友人たちと出かける。ピリ辛のラバー（火山）ソースでエビを和えたペレ・プラウン（＄20）なんていう、名前もハワイアンな料理や、ワンタンチップスにアボカドとスパイシー・アヒをのせて食べるナチョス（＄22）など、ひと味違ったローカル・ハワイアン・フードが味わえる。メロンクリーム味のカクテル、グリーン・カポラ（＄40）は僕の頭くらいの大きさの巨大カクテル（笑えるほど大きい！）。これをシェアしつつ、つまみと音楽を堪能する時間は、本当にハワイっぽいなぁと、ローカルの僕でも毎度思う。

🅐91-5431 Kapolei Pkwy., Kapolei🅟(808) 670-2638🅑9:00 - 13:00,15:00 - 23:00（Sun）、15:00 - 23:00（Mon-Thu）、15:00 - 1:00am（Fri & Sat）🅒無休Ⓜ️P159 16

ボタン アップ カフェ　［カフェ］

Button Up Cafe

少し遠出してローカルたちに人気のカフェへ。カジュアルだけど、チャーミングな雰囲気が好きなこのカフェで食べるのは、スタッフド・ウベ・チーズケーキ・フレンチトーストか、それのストロベリーバージョン（各＄12.95）。モリモリにのったクリームが超インスタ映えするものなんだけど、これがいつもものすごく斜めになって出てくるので、とにかく撮りづらい。だから僕も斜めになりながら、一生懸命写真を撮ってみるも、あっという間にクリームがなだれ落ちてインスタ映えどころじゃないっていうのがいつものパターン（笑）。インスタ映えするものは、だいたいおいしくないものが多いと相場が決まっているけれど、これは別！　クリーミーでふわっと軽い食感も最高。ランチには、しっとりやわらか〜な肉と、グレービーソース、チーズカードがのったブレイズド・ショートリブ・ロコモコ（＄18.95）か、韓国スタイルのショートリブ・エッグ・ベネディクトにフライドライスをプラス（＄18.95＋＄1.95）したバージョンをオーダー。ここは、ひと味違ったメニューがあるのも、僕の探究心をそそるんだよね〜。

🅐719 Kamehameha Hwy., Pearl City🅟(808) 454-5454🅑8:00 - 13:15🅒MonⓂ️P159 17

Sean's Hawai'i Ultimate Dining Guide 366

テキーラ エル ランチェロ　［タコス］
Taqueria El Ranchero

ロサンゼルスに住んでいるメキシコ人がやっているようなイメージの、タコスのお店。ブリトーとケサディアもあるけれど、断然タコスがおいしい。ハワイでは、メキシコ人が作っているメキシコ料理はそんなにないから、ここはそういう意味でもオススメ。僕のお気に入りは、肉のスパイスの味付けが至極しっくりくるメキシコのストリートフード的なカルニタス（＄16）。セビーチェ（＄7）は柑橘の具合が程よい。スモーキーなスパイスを使ったタコス、パストール（＄3.95）も、ナチョス（＄16）もぜひ！

🅐823 California Ave., Wahiawa🅟(808) 621-9000🅑7:00 - 22:00🅒無休Ⓜ P158 01

シゲズ サイミン スタンド　［サイミン］
Shige's Saimin Stand

ここではシンプルにサイミン（＄7.75/S）かワンタンヌードル（＄10.75/S）を選ぶ（時々フライドサイミン（＄11）も）。けど、量が多いので要注意！）。それに、チーズバーガー（＄4.65/レギュラー）をプラス。昔からあったお店だけれど、大人になってから行くようになった。せっかくワヒアヴァまで来たんだからと、気になっているレストランに行きたい気にもなるけれど、ローカルテイストのシンプルなものってことで、最終的にここに落ち着くことが多い。モチモチした食感の自家製ヌードルに、ちょっぴりパンチのきいたしょっぱめのスープがいいんだよね。

🅐70 Kukui St., Wahiawa🅟(808) 621-3621
🅑10:00 - 22:00🅒Sun & MonⓂ P158 02

マウイ マイクス ファイヤーローステッド チキン　［ローストチキン］
Maui Mike's Fire-Roasted Chicken

放し飼いで、保存料や化学肥料不使用の飼料で育てた鶏を使ったローストチキンのお店。僕のオススメはホールチキン（＄26.75）（＄13.59/ハーフサイズ）。さまざまな部位を味わえるのがいいし、とにかくジューシー！　付け合わせにはコールスロー。あとはみんなでケイジャンフライをシェアするのがいつものパターン。体に安心な素材を使っていると思うと、ついつい安心してバターをたくさんつけちゃうし、いつもよりたくさん食べてしまうのが僕の弱点。カイルアにも支店あり。

🅐96 S. Kamehameha Hwy., Wahiawa🅟(808) 622-5900
🅑11:00 - 20:00🅒無休Ⓜ P158 03

ハレイワ ビーチ ハウス　　[アメリカ料理]

Haleiwa Beach House

休みがとれないときはノースショアへちょっとのんびりしに出かける。それで、ゆったりランチ。それだけでプチバケーション気分になれる。お気に入りのアボカド・ランチ・ドレッシングで食べるロブスター・コブ・サラダ（＄28）やツナ・タルタル（MP）などを、ビーチを眺めながら食べる時間は、至福のとき。リラックスできて、お腹も心も満たされ、エネルギーチャージ。また明日から頑張ろうと思える。僕にとってここはそんな場所。カリッとした食感がいいタイ風フライドチキン（＄35）はディナータイムのみのスペシャルメニュー。サンセットを拝みながらのときには必ずこれをオーダーする！

A 62-540 Kamehameha Hwy., Hale'iwa P (808) 637-3435
B 11:00 - 15:00（Mon-Thu）、11:00 - 20:00（Fri-Sun）C 無休 M P158 04

ザ ビート ボックス カフェ　　[カフェ]

The Beet Box Cafe

ハレイワタウンの小さなナチュラルスーパーの奥にあったヴィーガンカフェが、すぐ横のスペースに広くなってオープンしたのはもう結構前のこと。ノースに出かけるとたまに立ち寄るようになった。よくオーダーするのは、ほうれん草、りんご、レモン、ロメインレタス、パセリ、セロリが入ったグリーンジュース（＄7.50）。それに分厚くカットしたアボカドにガーリック・アイオリソースをのせたトースト（＄9.25）。なんてことはないシンプルなものこそが似合う場所、ノース。素材そのもののおいしさもいつもよりうんと感じるのは、きっとこの空気のおかげかなぁ。

A 66-437 Kamehameha Hwy.#104, Hale'iwa P (808) 637-3000 B 9:00 - 15:00
C 無休 M P158 05

Maya's Tapas & Wine

数年前にノースにできた、スパニッシュ系のタパスが充実しているバー。パプリカを加えたスパニッシュアイオリソースとロブスターをブリオッシュブレッドでサンドしたスパニッシュ・ロブスター・ロール（＄19）や、ヒヨコ豆、きゅうり、ローストしたクミンなどを合わせたクスクスのサラダ（＄16）、エビのアヒージョ（＄18）など、ワインに合いそうなものばかりなんだけれど、ここでワインを飲んだら帰れなくなってしまうので、いつもアクアフレスカでガマン。ワインを想像しながらタパスを満喫している。

A 66-250 Kamehameha Hwy. #D-101, Hale'iwa
P (808) 200-2964 **B** 10:00 - 14:00（Sun）、11:00 - 15:00, 17:00 - 22:00（Tue-Fri）、10:00 - 14:00,17:00 - 22:00（Sat）
C Mon **M** P158 **06**

> ノースといったら、やっぱりここ！

Giovanni's Shrimp Truck

僕はオープンエアで食べるのがあまり得意ではない。でも、旅行ができなくて、ちょっと旅気分を味わいたくてノースまで車を飛ばすと、せっかくだから、ここで食べなきゃと思ってしまう。オリーブオイルとエビ、ガーリックたっぷりのこの味は、作ろうと思えば家でも作れる。でも、なぜだかわざわざここで味わいたくなるのだ。ガーリックたっぷりだから、食べ終わったあとは人にも会いにくくなるけれど、そんなことおかまいなし。しかも手が汚れるのが苦手な僕だけれど、これだけは夢中で食べちゃう。なんとも不思議。最近、カカアコにもきれいなベンチもある素敵な支店がオープン。そこもいいんだけれど、でもやっぱりガーリックシュリンプ（＄16）＝ノース、な気分はぬぐえないんだよね〜。あ、そうそう、みんなキャンセルしたくなっちゃうほど辛い、ホット＆スパイシー（＄16）は、オーダーしたらノーリファウンドでお願いします！

A 66-472 Kamehameha Hwy., Hale'iwa **B** 10:30 - 17:00 **C** 無休
M P158 **07**

New Open

STIX Asia/Waikiki(Asian food court featuring amazing eateries such as Yama Udon, Gashoken, Baikohken, NANAMUSUBI, and nana's Green Tea)

The Seaside - Seafood Raw Bar Wine/ Waikiki(Raw bar with seafood and caviar, as well as charcuterie and flatbreads)

Eat on Time/Ala Moana, Keʻeaumoku(Chinese cuisine and hot pot at affordable prices)

Kapiolani Seafood/Ala Moana, Keʻeaumoku (Dim sum and Chinese cuisine)

Little G Cafe by Garibaldi/Ala Moana, Keʻeaumoku(My favorite pizza in Hawaii featuring New York style pizza with daily changing menu)

Malu Kimbap & Dessert/Ala Moana, Keʻeaumoku(Japanese and Korean inspired snacks and sweets)

Mama Kim's/Ala Moana, Keʻeaumoku(Poke and chirashi bowls with banchan)

Mana Sandwiches/Ala Moana, Keʻeaumoku (Sandwich specialty shop that also sells strawberries from Japan)

Saigon Grill/Ala Moana, Keʻeaumoku (Vietnamese food truck serving a variety of seafood and meats in an open-air seating area)

Hangang Korean BBQ/Ala Moana, Keʻeaumoku(high end Korean yakiniku restaurant)

Volcano Skewer House/Ala Moana, Keʻeaumoku(Chinese skewer restaurant)

Yi Xin Cafe/Kapahulu(Hong Kong Cafe)

Bocconcino/Kakaʻako, Ward(Pinsa (cloud-like pizza) and panini in a Italian grocery mart)

Chong Qing Hot Pot/Kakaʻako, Ward(Chong Qing-style hot pot restaurant)

Fat Cheeks/Kakaʻako, Ward(Lobster Roll specialty Restaurant)

Waikiki Leia/Diamond Head(Breakfast, pasta lunch, and coursed dinners at a wedding chapel and reception area)

Kaimuki Shokudo/Kaimuki(new soba shop and izakaya by Shokudo owners)

Khan Skewer House/McCully, Mōʻiliʻli, University(Mongolian-style BBQ skewers)

HK Cafe -Downtown/Chinatown, Downtown (Hong Kong Cafe)

Prime Roast Cafe/Chinatown, Downtown (brunch and dinner eatery focused around prime rib)

Hanale by Islander Sake Brewery/ Chinatown, Downtown(Island Sake Brewery's original sushi eatery)

Kitchen Door Napa/West Oʻahu(Michelin-star chef opens New American)

La Birria Food Truck/West Oʻahu(Birria and birria saimin with Hellfire Tacos)

The Clubhouse Mililani/West Oʻahu(Local cuisine and sushi at Mililani Golf Course)

Fooki/West Oʻahu(Chinese)

Sean's Shock

これは2020〜2023年4月末日現在、パンデミックの影響もあり、残念ながらClose Down
してしまったお店の一部をまとめたものです。老舗も多く、思い出深いところもたくさん。
本当にショック〜〜〜〜！！　ほかにもまだまだあるけれど、僕的にかなりショックだった
お店を、名前だけですが、ここに連ねておきたいと思います。みなさんの胸の中にずーっと
この名店があり続けてほしいなぁという願いと、いつの日かまた、復活することを祈って。

12th Avenue Grill	Phuket Thai Restaurant
3660 On the Rise	REAL A Gastropub
Alan Wong's Restaurant	Square Barrels
Char Hun Sut	Teppanyaki Ginza Onodera
Choi's Garden	The Nook Neighborhood Bistro
Libby's Manapua	Town
Likelike Drive In	Uncle Tetsu Japanese Cheesecake
Limon Rotisserie	Vino
Mavro / M by Jeremy Shigekane	Wahoo's Fish Taco
Mermaid Bar	Yakiniku Don Day
NOBU Honolulu	Piggy Smalls

Mahalo Nui Loa

あらためまして、この本を待っていてくださったみなさん、ありがとうございます。2020年の春に発売する予定だったこの本が、パンデミックにより発売延期。その後、3年の月日を経て、こうしてみなさんに見ていただける日が来たことを心から感謝します。

　パンデミックは想像以上に私たちの日々に大きな影響を与えました。それぞれに辛く、悲しいこともたくさんあった3年だったと思います。そんななか、稼働してくれていたレストランには本当に助けられましたし、感謝してもしきれない想いがあります。また、60店舗以上のレストランが閉店に追い込まれたことは残念や悲しいといった言葉では言い尽くせないものがありました。P152では、ハワイにこんな愛すべきレストランがあったことをみなさんにも忘れずにいてもらいたい、いつの日かまた復活してもらいたいとの想いを込めて、閉店してしまったけれど好きだったお店の一部を一覧にしました。

　次のハワイ旅行の際は、この本を見ながら楽しく冒険をして、新たなお気に入りを見つけていただければと思います。また、今まで通っていたところも変わらず応援していただければ、うれしいです。

　最後になりましたが、デザイナーの藤田康平さん、マップ制作の齋藤直己さん、朝日新聞出版の森 香織さん、僕に力を貸してくださり、ありがとうございました。そして、あきらめずに僕の本を作ることにパンデミック中も尽力してくれた、長年の友人であり、この本の編集者である赤澤かおりさん、本当にありがとう！　かおりさんとの二人三脚があったからこそ、僕の気持ちがこうして形になったと思います。Mahalo Nui Loa!!

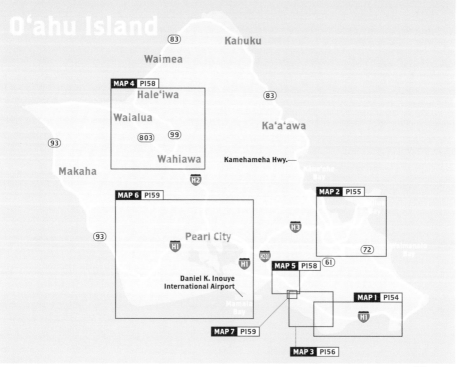

O'ahu Island

Kahuku

Waimea

MAP 4 P158

Hale'iwa

Waialua

Ka'a'awa

(803) (99)

Wahiawa

Makaha

Kamehameha Hwy.

(93)

H2

MAP 6 P159

Pearl City

(93)

H1

Daniel K. Inouye
International Airport

H1

MAP 2 P155

H3

(72)

MAP 5 P158 (61)

MAP 1 P154

H1

MAP 7 P159

MAP 3 P156

MAP 1

Sean's

Kapahulu Ave.

H1

Waialae Ave.

Lunalilo Fwy.

Ala Wai Golf Course
アラ・ワイ・ゴルフ・コース

Kaimuki

06 03

Kalaniana'ole Hwy.

05

Kapahulu

Alohea Ave.

15

Kilauea Ave.

Kealaolu Ave.

(72)

Honolulu Zoo
ホノルル動物園

Diamond
Head

Kilauea Ave.

Monsarrat Ave.

Kahala

Kahala Beach
カハラ・ビーチ

01 07 09 13 14

The Kahala Hotel & Resort

Kapi'olani Regional Park
カピオラニ公園

Kahala Ave.

Diamond Head
ダイヤモンドヘッド

08 11 12

Kahala Mall

Diamond Head Rd.

Kahala/Hawai'i Kai P094~101

MAP 2

Kailua/Kāneʻohe/Waimanalo P116~120

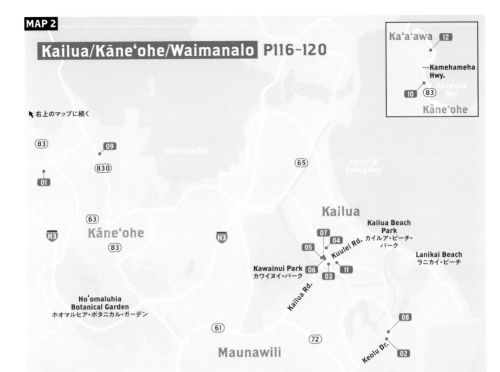

Kaʻaʻawa `12`

—Kamehameha Hwy.

`10` `83` Kāneʻohe Bay

Kāneʻohe

右上のマップに続く

`83` `09`

`830`

`01`

Kāneʻohe Bay

`65`

カイルア湾 Kailua Bay

`63`

H3 Kāneʻohe

`83`

H3

Kailua

Kailua Beach Park

`07` `04`

`05` Kuulei Rd. カイルア・ビーチ・パーク

Lanikai Beach ラニカイ・ビーチ

Kawainui Park カワイヌイ・パーク `06` `11`

`03`

Kailua Rd.

Hoʻomaluhia Botanical Garden ホオマルヒア・ボタニカル・ガーデン

`61`

`72`

`08`

Keolu Dr. `02`

Maunawili

Diningout Map

Kuliouou

Hawaiʻi Kai

ʻĀina Haina

Niu Valley

Hawaiʻi Kai Towne Center

`14`

Koko Marina Center

`04`

Maunalua Bay Beach Park マウナルア・ベイ・ビーチ・パーク

`02`

Kalanianaʻole Hwy.

`72`

`10` Lunalilo Home Rd.

MAP 3

Kaka'ako/Ward P066~079

Mānoa/Makiki P112~115

Water Front Plaza
03 05 28

Punchbowl St.

Honolulu
Museum of Art
ホノルル美術館

Lunalilo Fwy.

S. Beretania St.

Thomas Square
トーマス広場

10

Makiki

27

Ala Moana Blvd.

29 24 26

15

Neal S. Blaisdell
Center
ニールズ・ブレイズデル・センター

S. King St.

11

04

09 02 08

26

Ke'eaumoku

04

Kaka'ako

09 21

07

12

30
41

23

Cooke St.

18

08

12

21 24

40

12

16

11

27

13

10

05

37
34

18

07

30

20

22

50

32

22

19

17

Ward Ave.

06

12

17

36

53 42

10

43

46

19

09

McCully
Mō'ili'ili

Auahi St.

17

14

49

54

07 14

16

01

25

17

08

11 01

25

06

McCully
Shopping Center
07 20 22

Kaka'ako
Waterfront Park
カカアコ・
ウォーターフロント・
パーク

06

16

11

38

13

52

19

Kona St.

Kapi'olani Blvd.

23

Ke'eaumoku St.

44

02

Ward

01 02 19

South Shore Market

Ala Moana Blvd.

Ala Moana Regional Park
アラ・モアナ市立公園

Kalākaua Ave.

Kapi'olani Blvd.

Ala Moana/Ke'eaumoku

P038~059

03 06 09 15 20 28
29 31 33 35 39 45
47 48 51 55

Ala Moana Center

Ala Wai Blvd.

69

62

65

68

49

Ala Moana Blvd.

70 75

Prince Waikiki

74

'Ilikai Hotel & Luxury Suites

59

Waikiki

06

61

76

63 71

Hilton Hawaiian Village Waikiki Beach Resort

09

30

13

55

20 79

Halepuna Waikiki by Halekulani

17

40 44 57

Halekulani Hotel

41

34

Waikiki P004~037

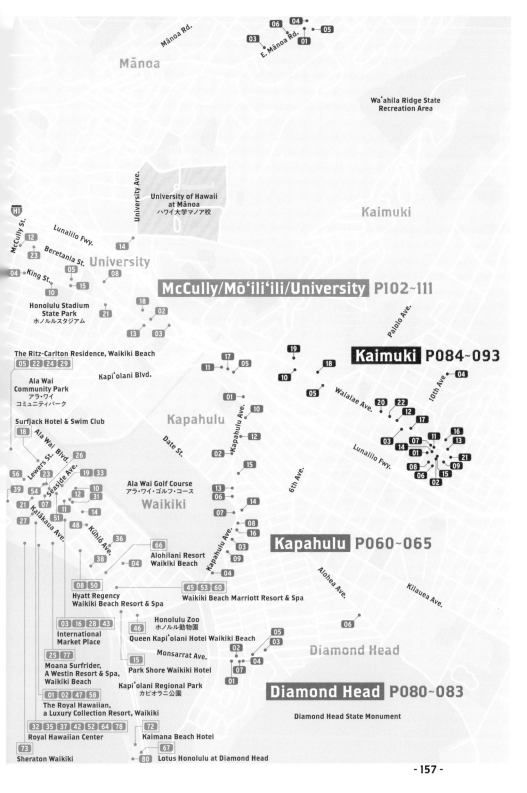

Mānoa Rd.

06 04

03 E. Mānoa Rd. 01 05

Mānoa

Waʻahila Ridge State
Recreation Area

University Ave.

University of Hawaii
at Mānoa
ハワイ大学マノア校

Kaimuki

H1

McCully St.

12

Lunalilo Fwy.

14

23

Beretania St. University

04 King St. 05

08

10 15

Honolulu Stadium
State Park
ホノルルスタジアム

21

18

02

13 03

19

18

Kaimuki P084~093

The Ritz-Carlton Residence, Waikiki Beach

05 22 24 29

17

05

11

10

Paiolo Ave.

10th Ave. 04

Ala Wai
Community Park
アラ・ワイ
コミュニティパーク

Kapiʻolani Blvd.

01

10

05

Waialae Ave.

20 22

Surfjack Hotel & Swim Club

18

Ala Wai Blvd.

Kapahulu

02

12

Date St.

Kapahulu Ave.

15

12

17

03

14

07

11

01

16

13

56

26

Lewers St.

19 33

Ala Wai Golf Course
アラ・ワイ・ゴルフ・コース

13

06

6th Ave.

Lunalilo Fwy.

08

06

21

09

15

02

23

39

54

10

31

Seaside Ave.

12

Waikiki

14

07

21

07

11

14

08

27

51

16

48

Kūhiō Ave.

36

03

Kapahulu Ave.

Kapahulu P060~065

38

66

09

Kalākaua Ave.

04

Alohilani Resort
Waikiki Beach

04

08 50

45 53 60

Hyatt Regency
Waikiki Beach Resort & Spa

Waikiki Beach Marriott Resort & Spa

Alohea Ave.

Kilauea Ave.

03 16 28 43

Honolulu Zoo
ホノルル動物園

46

06

International
Market Place

Queen Kapiʻolani Hotel Waikiki Beach

05

25 77

Monsarrat Ave.

03

Moana Surfrider,
A Westin Resort & Spa,
Waikiki Beach

15

02

Diamond Head P080~083

Park Shore Waikiki Hotel

04

07

01 02 47 58

Kapiʻolani Regional Park
カピオラニ公園

01

The Royal Hawaiian,
a Luxury Collection Resort, Waikiki

Diamond Head P080~083

32 35 37 42 52 64 78

72

Royal Hawaiian Center

Kaimana Beach Hotel

Diamond Head State Monument

73

67

Sheraton Waikiki

80 Lotus Honolulu at Diamond Head

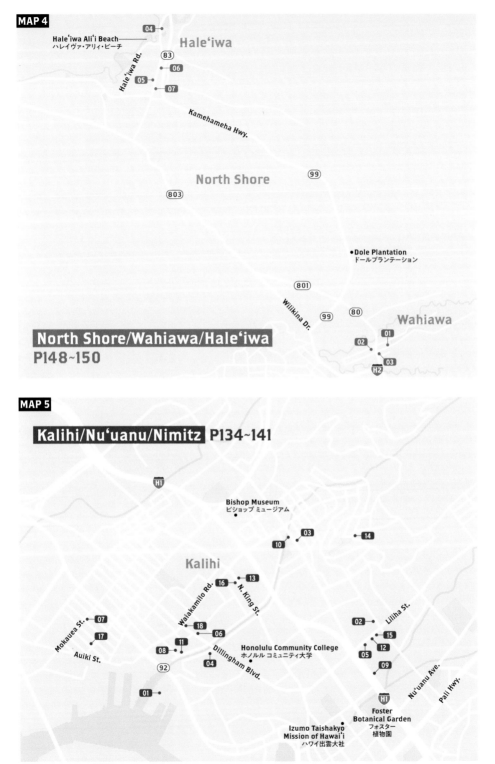

MAP 4

04

Hale'iwa Ali'i Beach
ハレイヴァ・アリィ・ビーチ
Hale'iwa Rd.

83
06
05
07

Hale'iwa

Kamehameha Hwy.

North Shore

99

803

•Dole Plantation
ドールプランテーション

801

Wilikina Dr.

99   80

Wahiawa

02   01

03

H2

North Shore/Wahiawa/Hale'iwa
P148~150

MAP 5

Kalihi/Nu'uanu/Nimitz P134~141

H1

Bishop Museum
ビショップ ミュージアム

03
10   14

Kalihi

Waiakamilo Rd.   16   13
N. King St.

Mokauea St.   07
17

18   06

08   11
04

92

Auiki St.

Dillingham Blvd.

Honolulu Community College
ホノルル コミュニティ大学

02   Liliha St.
15
12
05
09

Nu'uanu Ave.

Pali Hwy.

H1

01

Izumo Taishakyo
Mission of Hawai'i
ハワイ出雲大社

Foster
Botanical Garden
フォスター
植物園

MAP 6

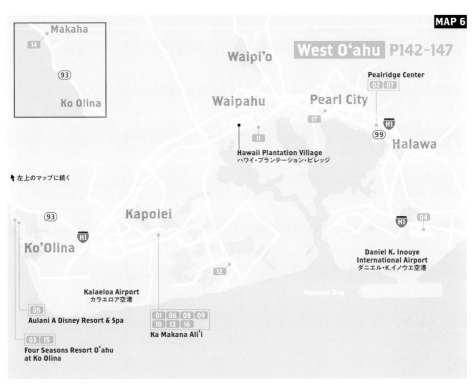

Makaha
14
93
Ko Olina

Waipi'o

West O'ahu P142~147

Pearlridge Center
02 07

Waipahu

Pearl City
17

H1
99

Halawa

11
Hawaii Plantation Village
ハワイ・プランテーション・ビレッジ

↖ 左上のマップに続く

93
Kapolei

Ko'Olina
H1

04
H1

Daniel K. Inouye
International Airport
ダニエル・K.イノウエ空港

12

Mamala Bay

Kalaeloa Airport
カラエロア空港

01 06 08 09
10 13 16
Ka Makana Ali'i

05
Aulani A Disney Resort & Spa

03 15
Four Seasons Resort O'ahu
at Ko Olina

MAP 7

• Izumo Taishakyo Mission of Hawai'i
ハワイ出雲大社

Maunakea
Marketplace
マウナケア
マーケット プレイス
05

Foster Botanical Garden
フォスター植物園

N. King St.

'A'ala
Park

River St.

30

01

26

13

98

H1

15

N. Hotel St.

27

28

N. Beretania St.

Chinatown

20

Maunakea St.

23

N. Smith St.

25

24

N. Pauahi St.

Kukui Plaza Mall
ククイ プラザ モール

カママル遊び場
Kamamalu Playground

08

16

22

Nu'uanu Ave.

29

07

19

11

02

Bethel St.

King St.

21

14

N.

06

18

17

Fort Street Mall

Downtown

09

S. Hotel St.

Hawai'i State Art Museum
ハワイ州立美術館

92

04

Bishop St.

Alakea St.

Washington Place
ワシントン プレイス

S. Beretania St.

アロハタワー
Aloha Tower

10

S. King St.

Richards St.

Iolani Place
イオラニ宮殿

12

Ala Moana Blvd.

03

Chinatown/Downtown P122~133

King Kamehameha Statue•
カメハメハ大王像

Sean Morris ショーン・モリス

フードライター。ハワイのオアフ島ホノルル生まれの日系4世。幼い頃から家族とともに外食してきた幸せな記憶とともに成長し、ハワイ屈指の美食家として知られる存在に。また、友人たちの間では愛妻家、愛鳥家としても有名。ハワイのショッピングモールやレストラン、ホテル、不動産などのPRを行う会社の社長をしながら、日々、食についての探求も怠らない。フードライターとしては、ハワイのメディアはもちろん、アメリカ本土のメディアにも雑誌、ウェブなど広く執筆。最近では、日本のテレビ番組『ハワイに恋して』(BS12)の食関係の特集にもちょくちょく顔を出し、そこでも人気が高まっている。

incurablepicure

デザイン / 藤田康平（Barber）
撮影 / ショーン・モリス、赤澤かおり
MAPデザイン製作 / マップデザイン研究室
校正 / 曽根 歩
編集・構成・執筆 / 赤澤かおり
編集 / 森 香織（朝日新聞出版）
協力 / 日本航空

Sean's Hawai'i Ultimate Dining Guide 366
ハワイローカルグルメ完全ガイド

2023年6月30日　第1刷発行
2024年2月10日　第2刷発行

著　者　　ショーン・モリス
編　集　　赤澤かおり
発行者　　片桐圭子
発行所　　朝日新聞出版
　　　　　〒104-8011　東京都中央区築地 5-3-2
　　　　　（お問い合わせ）infojitsuyo@asahi.com
印刷所　　大日本印刷株式会社

©2023 Sean Morris
Published in Japan by Asahi Shimbun Publications Inc.
ISBN　978-4-02-334736-6